Property Manager: Sviluppa il tuo Business con il Mercato Immobiliare. Scopri come Guadagnare Creando da Zero il tuo B&B con le Tecniche Avanzate per gli Affitti Brevi Airbnb. Zero Budget e Immobili.

Luca M. Pagani

Published by Luca M. Pagani, 2022.

PROPERTY MANAGER: SVILUPPA IL TUO BUSINESS CON IL MERCATO IMMOBILIARE. SCOPRI COME GUADAGNARE CREANDO DA ZERO IL TUO B&B CON LE TECNICHE AVANZATE PER GLI AFFITTI BREVI AIRBNB. ZERO BUDGET E IMMOBILI.

First edition. November 1, 2022.

ISBN: 979-8215244562

Written by Luca M. Pagani.

Also by Luca M. Pagani

Airbnb: La Guida Completa per Iniziare da Zero e Guadagnare con Airbnb. Scopri Come Trasformare il tuo Alloggio in un B&B con le Tecniche di Business e Marketing Immobiliare per gli Affitti Brevi.

Property Manager: Sviluppa il tuo Business con il Mercato Immobiliare. Scopri come Guadagnare Creando da Zero il tuo B&B con le Tecniche Avanzate per gli Affitti Brevi Airbnb. Zero Budget e Immobili.

Sommario

CAPITOLO 1

La storia di Airbnb

La storia di Airbnb ha inizio a San Francisco nel 2007, dove si trovavano a vivere Brian Chesky e Joe Gebbia, due coinquilini neolaureati in grandi difficoltà economiche.

Per cercare di pagarsi l'affitto, decisero di provare a pubblicare un annuncio per affittare alcuni posti letto a casa propria durante il meeting dell'Industrial Designers Society of America, che quell'anno si svolgeva proprio a San Franscisco e che aveva riempito tutte le stanze disponibili negli hotel della città.

Comprarono tre materassi gonfiabili, sistemandoli al meglio in una stanza e pubblicando i posti liberi su un semplicissimo sito internet, offrendo anche la colazione al mattino successivo.

Questa operazione venne chiamata proprio con il nome di Airbed & Breakfast ed ebbe subito abbastanza richieste da parte della clientela.

Questa esperienza li convinse che quella poteva rivelarsi essere un'idea vincente con il tempo, in particolar modo per la semplicità con cui era stata avviata.

Decisero, allora, di avvalersi dell'aiuto di un amico informatico, Nathan Blecharczyk e di avviare la prima piattaforma di lancio.

Ovviamente, per diventare una start-up mancava solo la liquidità disponibile.

Il modo per procurarsela fu trovato grazie ad un'altra coincidenza fortunata: lo svolgimento delle elezioni presidenziali.

Per sostenere il finanziamento del sito, i tre fondatori crearono e vendettero delle speciali scatole di cereali per la prima colazione, che riportavano le immagini in caricatura dei candidati di quel periodo Barack Obama e John McCain: in due mesi ne vendettero ottocento a quaranta dollari ciascuna riuscendo a guadagnare più di trentamila dollari utili per avviare l'impresa.

Nasceva airbedandbreakfast.com, poi abbreviato nel più conveniente airbnb.com.

Tuttavia, nonostante l'affiliazione di un nuovo partner che garantì ulteriore liquidità, il sito faceva fatica a generare utili sufficienti, restando fermo ad un guadagno medio di duecento dollari a settimana per alcuni mesi.

Il problema principale che non fece decollare l'impresa all'inizio fu quello di aver caricato sul sito delle foto delle stanze di pessima qualità per cui gli eventuali clienti non erano di certo invogliati a soggiornare in questi posti offerti.

La soluzione fu andare personalmente in ogni stanza in affitto per fare delle foto che risultassero accattivanti ed interessanti per i potenziali clienti. Fu sufficiente questo accorgimento, che in realtà richiese un lavoro notevole, per raddoppiare le entrate ed avviare un business di successo grazie al quale AirBnB poté incontrare più pubblico e più investitori nei tempi futuri.

Nella primavera del 2009 Airbed & Breakfast cambiò nome e logo e si trasformò nel più comodo Airbnb che conosciamo ancora oggi. L'ufficio iniziò ad ingrandirsi e a fine 2009 poté contare già diciotto persone al lavoro, con l'implementazione di protocolli che riguardavano procedure di design delle singole inserzioni, interventi di pulizia delle stanze e, soprattutto, un'attenta gestione delle tariffe e dei guadagni in percentuale del sito.

In questo modo, nel 2011, Airbnb arrivò a varcare la soglia del milione di notti prenotate attraverso la propria piattaforma, confermando chiaramente la validità non solo della proposta commerciale offerta, ma anche del modello di business proposto dall'azienda.

Airbnb sancisce l'integrazione con Craigslist per raggiungere quel bacino di utenti interessati a vacanze alternative rispetto agli standard alberghieri, tanto che nel 2011 l'attore Ashton Kutcher investì un importo così significativo in Airbnb da diventarne membro del consiglio in qualità di consulente strategico.

Per tutelare gli host che mettono a disposizione i loro spazi viene introdotta un'assicurazione a loro favore e un servizio di assistenza attivo ventiquattro ore su ventiquattro, sette giorni su sette.

Vengono aperte sedi e uffici Airbnb a Londra, Mosca, Parigi, in India e in Brasile, ma nonostante questo grande successo i tre fondatori hanno cercato di mantenere uno stile di vita abbastanza sobrio, hanno continuato a lavorare e fatto in modo che sia loro che i propri dipendenti potessero lavorare divertendosi. Infatti, in tutti gli uffici non possono mancare tavoli da ping pong, bar e mensa.

Nel 2012 si ha una revisione del sito poiché viene inserita la funzione Wish list ed introdotta la possibilità di salvare i posti preferiti segnandoli con un cuore e questo fece aumentare del trenta percento il coinvolgimento degli utenti.

In pratica, Airbnb diventa un sito più coinvolgente e simile ad un vero e proprio social.

Dal 2013, vengono ottimizzati i propri servizi adattandoli ai dispositivi mobili, viene offerta la possibilità agli host di creare annunci e caricare foto direttamente dal proprio smartphone o tablet attraverso l'applicazione, vengono proposte immagini più grandi, mappe e un design molto più accattivante.

Nel 2014 viene rielaborato il logo che mischia un cuore, un segnaposto e la "A" di Airbnb: marchio che è diventato simbolo immediatamente riconducibile a ciò che rappresenta.

Nel 2015 le inserzioni presenti sul sito sono oltre due milioni in più di 190 paesi in tutto il mondo.

CAPITOLO 2

Le prime valutazioni

Nella fase iniziale allo sviluppo del nostro progetto, oltre a farci un esame di coscienza dovremmo anche fare delle valutazioni in merito allo spazio che abbiamo da affittare, ammesso che ne abbiamo uno. Su Airbnb si trovano alloggi di ogni tipo, ma non è detto che tutti facciano ottimi affari. Prima di iniziare facciamo qualche ricerca per assicurarci che la nostra struttura sia vendibile e che ci sia abbastanza richiesta per poter gestire un'attività di successo e vivere lo stile di vita che più vogliamo.

Ad esempio iniziamo a pensare al tipo di clientela che la struttura potrebbe attirare perché si potrebbe amare la vita nella periferia di Milano, ma anche gestire un B&B di lusso nel pieno centro della città, o il contrario.

Per finire questa primissima fase di valutazione preliminare, il consiglio è anche quello di soffermarci a riflettere sul fatto che per iniziare e poi portare avanti questo tipo di attività probabilmente dovremmo ricorrere a degli aiuti esterni perché anche il più attento dei pianificatori potrebbe alla fine scoprire che la gestione di un B&B di successo è più difficile di quanto si aspettasse.

Soffermiamoci a parlare più nel dettaglio della redazione di un business plan.

Ovviamente ci sono da considerare alcuni fattori come:

- Impostare la nostra attività
- Inquadrare il target di riferimento
- Definire il budget
- Definire i costi

Il business plan sarà la guida da prendere in considerazione non solo all'inizio dell'attività, ma durante il corso di questa avventura. Ci aiuterà a definire meglio il nostro obiettivo e i risultati che vorremmo ottenere in un determinato periodo di tempo. Solitamente si cerca di prevedere uno scenario futuro con un orizzonte temporale di tre o cinque anni.

Quindi è uno strumento estremamente valido da consultare anche in un secondo momento per capire se la nostra attività sta procedendo nel migliore dei modi o se occorre revisionare qualcosa.

Inoltre se la nostra intenzione è quella di chiedere dei finanziamenti, il business Plan sarà il primo documento che dovremo presentare agli investitori per far comprendere come verranno impiegati i soldi richiesti.

Un business Plan dovrebbe avere e rispettare i seguenti punti:

- Introduzione dove si presenta il progetto e si motiva la scelta di entrare in questo tipo di attività

- Analisi delle risorse disponibili ovvero descrivere lo spazio che abbiamo a disposizione

- Analisi del mercato ovvero analizzare i trend nel mercato degli affitti brevi per scopi turistici nella nostra zona di riferimento

- Analisi dei clienti ovvero definire il profilo di un potenziale cliente

- Analisi dei concorrenti ovvero individuare i nostri concorrenti e analizzare i loro punti di forza e i punti di debolezza oltre le caratteristiche generali

- Analisi dei costi e dei rendimenti ovvero prendere nota di tutte le entrate e le uscite e capire a quanto ammonteranno effettivamente i nostri guadagni

- Definizione degli obiettivi di breve e medio periodo ovvero la previsione di ciò che ci aspettiamo di ottenere dalla nostra attività

- Definizione del budget ovvero capire quanti fondi occorre stanziare per raggiungere gli obiettivi prefissati. Definire correttamente il budget può significare o meno la riuscita del nostro progetto, quindi, dobbiamo cercare di non sottostimare le nostre esigenze finanziarie, ma nello stesso tempo non esagerare altrimenti rischiamo di investire troppo denaro per il b&b quando potrebbe servirci per altro. Diciamo che il budget è la parte più importante del business plan e dovrà comprendere i costi legati al finanziamento della struttura, quelli legati alla gestione quotidiana, i costi marketing, i costi per i dipendenti, i costi per la vita personale, gli oneri fiscali

- Piano di marketing ovvero tutti quei dettagli che riguardano il come promuovere la nostra struttura e come comunicare le offerte

CAPITOLO 3
Trasformare l'alloggio in un b&b

Dopo aver redatto il business plan, possiamo passare alla parte più piacevole di questa attività ovvero pensare all'arredamento di quegli spazi che abbiamo a disposizione, creare la giusta ambientazione.

Ad esempio, se principali clienti fossero delle famiglie, potrebbe essere utile prevedere nella casa una piccola area giochi per bambini, e studiare l'arredo in modo tale che i bambini piccoli non possano farsi male. Potremmo pensare di aggiungiamoli anche un fasciatoio. Tutto ciò sarebbe inappropriato per un pubblico di businessman che invece potrebbe prediligere una piccola area studio con stampante.

Forse, a tal proposito, potremmo studiare qualche dato ovvero secondo i dati ufficiali di Airbnb, il quaranta percento degli ospiti che usano la piattaforma sono persone che viaggiano per lavoro. Questa percentuale è maggiore soprattutto nei grandi centri del Nord Italia. Perciò, se ci troviamo ad investire in una di queste zone, dovremo per forza di cose acquistare attrezzature da ufficio.

Potrebbe anche essere utile sapere che il novanta percento dei viaggi delle famiglie è pianificato dalle donne. Questo significa che, se il nostro alloggio è destinato alle famiglie, bisogna considerare l'idea di arredarlo in modo tale che possa piacere soprattutto alle donne. Quindi magari aggiungere dei cuscini, fiori, quadri, colori e ogni altro elemento che possa dare un tocco di femminilità alla proprietà.

Esistono diversi stili ai quali possiamo ispirarci e prendere appunti.

Vediamo insieme quelli più diffusi in questo genere di attività.

Per prima cosa possiamo parlare della stile industriale ovvero quel genere che si vede in numerosi film e telefilm americani dove è possibile vedere appartamenti con pareti in mattoni, elementi in ferro o cemento, insomma degli ambienti simili a quelli che troveremmo in una fabbrica.

Si ritiene che questo stile sia nato all'inizio del ventesimo secolo negli Stati Uniti di America quando la chiusura di molte fabbriche aveva iniziato a lasciare molti edifici industriali vuoti e pronti per essere riutilizzati anche a fini abitativi. Lo stile industriale si basa su decorazioni senza fronzoli che si ispirano all'aspetto di magazzini, fabbriche e altre strutture industriali.

L'arredamento comprende dettagli architettonici spogliati, come mattoni, metalli e legno, oltre a materiali di recupero e riciclati. Quindi, gli arredi sono spesso ottenuti da cantieri bonificati e per tal motivo è anche uno stile che sposa un approccio ecologico al design degli interni.

Se decidessimo di arredare il nostro alloggio in stile industriale, dovremo optare per arredi che hanno un design semplice, tappezzerie con trame naturali e colori neutri, usare mobili vintage ed elementi recuperati da edifici in disuso.

Da non sottovalutare il fatto che questo stile funziona sempre, anche combinandolo con arredi di altro genere. Il miglior vantaggio nella creazione di case in stile industriale è che avremo l'opportunità di personalizzare completamente l'aspetto della casa rendendola unica e indimenticabile per i nostri ospiti.

Un altro tipo di stile che è ha conosciuto un grande successo è lo stile shabby chic.

Si tratta di uno stile dove i mobili e gli arredi si presentano invecchiati e spesso nel coloro bianco o colori pastello. È lo stile tipico di quelle grandi case di campagna inglesi.

Per arredare una casa in stile shabby chic dobbiamo saper accostare scrupolosamente gli elementi vecchi con quelli nuovi, dando ad ogni cosa un aspetto fresco e delicato.

Ad esempio, potremmo cercare delle vecchie sedie e qualche mobile abbastanza vissuto nei mercatini dell'usato, intervenendo poi con piccoli e facili restauri e dipingendo ogni cosa con vernice a gesso oppure con uno smalto opaco.

Molto adatti sono anche i mobili in arte povera, ridipinti di bianco. Le pareti vanno dipinte di bianco e devono essere candide anche le cornici dei quadri.

Anche i pavimenti dovrebbero essere in materiali di tonalità chiare. Si possono usare tappeti in delicate tonalità pastello, come il color avorio oppure il grigio perla.

Le tende devono essere in tinta unica oppure con qualche disegno tipo: cuori, fiori e pois.

Questo tipo di stile non è molto difficile da ricreare e, soprattutto, si adatta bene a coloro che non hanno intenzione di spendere molto per gli arredi anche perché si riesce a fare da soli gran parte del lavoro.

Ancora, possiamo parlare dello stile d'arredo giapponese che si caratterizza per avere delle linee molto pulite, un design minimale, uso di materiali naturali ed il concetto di open space.

Si tratta, quindi, di una tendenza rivolta al minimalismo che comporta l'adozione di combinazioni di colori molto raffinate e un mix di forme semplice con forme di puro design.

È uno stile che si rivolge a quelle persone che amano gli spazi semplici con una quantità minima di mobili, ma ben strutturati.

Per arredare una casa con questo stile potremmo aver bisogno di tavolini bassi, grandi porte scorrevoli, fouton e lampade di colori sempre molto chiari.

Sarà requisito indispensabile avere grandi spazi ed evitare di accatastare i mobili troppo vicini tra di loro, inoltre per ricreare questo stile sarebbe opportuno disporre di grandi vetrate in modo da ricreare un certo tipo di legame tra gli interni e gli esterni.

Quindi, a tal proposito, lo spazio esterno dovrebbe disporre di un giardino con aspetto minimale.

Uno degli stili che sta avendo più successo negli ultimi anni è lo stile etnico perché è perfetto sia per chi ama una casa moderna sia per chi voglia dare un tocco deciso e colorato al proprio alloggio.

Ricco di elementi decorativi e ornamentali prelevati in terre lontane come India, Marocco e Africa, l'arredamento etnico nasce diversi secoli fa, quando i viaggi erano un lusso per pochi scelti e dimostrazione di potere economico.

All'inizio il tutto si riconduceva a qualche oggetto come una zanna di elefante, oppure una maschera tribale di qualche tribù indigena, oggi lo stile etnico si è evoluto portando un mix di influenze e contaminazioni capaci di proiettare in ogni ambiente un'atmosfera calda ed elegante.

Elementi tipici dello stile etnico, sono i quadri ed i tappeti dal ricamo che richiama l'antico.

I materiali maggiormente usati sono il legno, il bambù, la pelle, il rattan ed altre fibre naturali.

I colori, invece, sono le tinte forti del rosso, arancio, marrone, verde, blu.

In questo tipo di arredo trovano ampia diffusione divani, poltrone, tende con disegni tribali, forme geometriche in stile persiano o ancora con richiami di animali tipici dell'Africa.

I divani devono essere bassi, quasi a livello terra e ricchi di cuscini. La comodità è la parola d'ordine. Altri elementi tipici sono sculture in legno, vasi in ceramica o in legno, lampade in rattan o fibre naturali.

Le stanze più importanti della casa si possono esaltare con colori a tinte forti, tipicamente il rosso, l'arancio che richiamano i colori tipici dei tramonti africani.

Qualora, invece, fossimo più propensi e vicini ad uno stile pulito e sobrio che richiama gli alloggi del Nord Europa, allora, sicuramente dovremo adottare lo stile scandinavo.

Questo tipo di arredamento unisce funzionalità ed estetica, ma rimanendo sempre piuttosto accogliente e ricercato.

Nello stile scandinavo, linearità e essenzialità si associano con il rigore delle forme geometriche e i blocchi di colore.

Gli Scandinavi sono amanti dei contrasti, come il bianco e il nero e amano integrare le linee squadrate e nette con quelle più dolci e smussate.

Quindi, troviamo sia elementi decorativi classici che ornamenti della pop culture.

CAPITOLO 4
Iniziare su Airbnb

Una volta completata la registrazione, potremo cominciare a creare il nostro annuncio, specificando le caratteristiche del nostro alloggio, fornendone la descrizione, aggiungendo delle foto e tutto ciò che serve per la vendita del servizio.

In qualità di host dovremo stabilire delle regole che i nostri ospiti dovranno rispettare durante la permanenza e selezionare i periodi durante i quali l'abitazione potrà essere prenotabile. Fare l'host attraverso Airbnb sarà abbastanza facile poiché la piattaforma contiene ogni tipo di strumento per assistere i proprietari dall'inizio alla fine.

Sia gli host sia gli ospiti hanno la possibilità di lasciare delle recensioni, cosa che darà molta visibilità alle nostre proposte.

Tutti quanti possono essere degli host e non è affatto necessario essere proprietari di case per farlo.

Detto ciò, occorre ricordare che registrarsi e pubblicare un annuncio è gratuito e che gli annunci non sono limitati ad un determinato tipo di alloggio.

Non esistono degli standard di riferimento obbligatori che riguardano la proprietà da offrire.

Il primo passaggio importante da compiere è quello di registrarsi sulla piattaforma e questo procedimento è molto semplice, come quasi per tutti i social, può avvenire attraverso un account facebook o Google già esistenti oppure inserire i dati manualmente.

Una volta finita la registrazione, potremo inserire il primo annuncio. L'inserimento è assistito in ogni piccola parte ed è molto intuitivo.

Come primo passaggio per la creazione della annuncio dovremo fornire delle indicazioni generali che riguardano il tipo di alloggio che intendiamo affittare, il numero di persone che si possono ospitare e la località geografica dove si trova. Già soltanto con queste prime informazioni, Airbnb sarà in grado di fornire una stima del guadagno che potremo raggiungere. Questa stima è il prodotto di un calcolo basato sulle statistiche disponibili nel database interno del sistema che prende in considerazione la media dei guadagni degli alloggi con caratteristiche simili al nostro e che si trovano nella stessa zona.

Dobbiamo prendere questo valore con le molle, perché non è detto che si possa arrivare a guadagnare tanto, ma non è neanche detto che non si possa anche ricavare un guadagno maggiore, dal momento che appunto si tratta di un valore stimato medio.

Airbnb ci chiederà di specificare il tipo di alloggio che vogliamo mettere a disposizione e possiamo scegliere nell'elenco a discesa quello che più si avvicina al nostro alloggio.

Inoltre, dobbiamo indicare se lo spazio che affittiamo riguarda l'intero alloggio, una stanza privata o una stanza in condivisione.

In qualità di host rientra nelle nostre responsabilità quella di descrivere in modo accurato il nostro alloggio.

In più verrà chiesto se la pubblicazione dell'annuncio è per nostro conto oppure se operiamo per conto di un'azienda.

La selezione dell'opzione giusta in questa fase aiuterà ad avere le giuste funzionalità quando ospitiamo: non verrà mostrato ai viaggiatori né influirà su come verremo visualizzati nelle ricerche. Dopo verrà richiesto di specificare altre informazioni utili a definire meglio il nostro alloggio, tra cui il numero di stanze presenti, il numero di bagni, quanti letti ci sono e di che tipo. Per stabilire la posizione dell'alloggio potremo inserire l'indirizzo o usare direttamente la posizione corrente registrata dal nostro dispositivo.

La posizione dell'alloggio verrà mostrata ai potenziali ospiti in una mappa, mentre l'indirizzo preciso verrà mostrato solo una volta completata la prenotazione.

Successivamente dovremo indicare quali servizi sono inclusi in ciò che offriamo. Ovviamente i servizi essenziali sono alcuni elementi base che i nostri ospiti si aspettano di trovare per un soggiorno confortevole. Poi ci sono quei servizi non essenziali, come abbiamo visto nel capitolo precedente, che pur non essendo fondamentali sono ugualmente importanti.

Infine, dobbiamo specificare se nello spazio che abbiamo a disposizione esistono delle aree comuni a più ospiti come ad esempio una piscina condominiale, una palestra, un'asciugatrice, il parcheggio auto.

Compiute tutte queste operazioni, abbiamo terminato il primo passaggio di inserimento dell'annuncio e quindi possiamo procedere con i passaggi successivi.

Adesso è il momento di fornire qualche dettaglio in più sull'alloggio, di mostrare attraverso le foto cosa contiene al suo interno e quali sono i punti di forza.

Dal punto di vista del marketing, si tratta di uno dei passaggi più importanti, perché il modo in cui presenteremo il nostro spazio ed è determinante ai fini della vendita.

Verrà chiesto di caricare delle foto. Il caricamento in sé non comporta problemi particolari, sarà sufficiente trascinare le foto che abbiamo sul computer nella finestra, oppure sfogliare tra i nostri file.

Molto più difficile e delicato, invece, è il discorso che riguarda la produzione delle fotografie perché fare delle fotografie di qualità non è così semplice e nemmeno scontato. Questo passaggio quindi è di estrema importanza. Le foto aiutano gli ospiti a immaginare il futuro soggiorno in quel determinato alloggio.

Potremo iniziare con una foto e vedere come il nostro pubblico reagisce per poi aggiungerne altre in un secondo momento.

Prima di fotografare il nostro alloggio, organizziamo il tutto come se dovessimo accogliere in quello stesso momento l'ospite.

Forniamo alcuni suggerimenti per delle foto di qualità:

- Aggiungere più foto per aiutare gli ospiti a capire come si troverebbero a soggiornare nel nostro alloggio, scattare foto degli interni, degli esterni e del quartiere dove è ubicato

- Scattare foto di almeno 1024 per 683 pixel

- Scattare le foto in senso orizzontale

- Creare la giusta atmosfera

- Scattare le foto di giorno

- Mettere in evidenza i servizi migliori

Qualora non volessimo fare tutto da soli, Airbnb mette a disposizione un servizio fotografico professionale, anche se non è un servizio presente in tutte le città.

Un altro aspetto importante quasi quanto le foto è la descrizione testuale per offrire ai nostri ospiti un'idea chiara di quello che offriamo. Il testo non deve superare i cinquecento caratteri, quindi, sarebbe meglio esaltare le caratteristiche principali e i punti di forza.

L'annuncio deve raccontare una storia perciò proviamo a metterci nei panni dell'ospite anche perché leggendo la descrizione l'ospite dovrà immaginarsi già dentro l'alloggio e godere del soggiorno virtualmente.

Usiamo ogni informazione che possa suscitare una certa emozione e non dimentichiamo che anche in questa fase dobbiamo compilare i campi aggiuntivi per fornire ulteriori dettagli.

Per completare dobbiamo fornire un nome al nostro alloggio perché questo sarà il titolo del nostro annuncio. Dobbiamo cercare di trasmettere con poche parole il vantaggio principale della nostra proposta, mettendo in evidenza ciò che lo rende speciale e se vogliamo fornire anche un tocco di creatività.

Per poter lavorare come host su Airbnb dobbiamo fornire al sistema un numero di telefono valido. Infatti, la piattaforma userà questo numero per inviare le richieste di prenotazione, promemoria e altre notifiche.

CAPITOLO 5
Le prime prenotazioni

I viaggiatori che usano Airbnb non amano interagire con interlocutori poco presenti, che non rispondono alle domande o che lo fanno con molta lentezza. Per questo motivo, a volte, per un ospite curioso è sufficiente vedere che l'host ha un tasso di risposta basso, per lasciarlo andare ancor prima di stabilire un contatto. Questo significa che alcuni non si cimentano nemmeno a domandare.

Inoltre, avere un tasso di risposta basso può comportare delle conseguenze molto gravi. Per prima cosa la piattaforma può decidere di sospendere gli annunci perché si potrebbe pensare che non siamo più attivi.

Come seconda cosa, con un tasso di risposta basso non potremmo mai diventare dei super host e godere dei rispettivi vantaggi.

Infine, se anche il tasso di accettazione delle prenotazioni è basso, non possiamo diventare nemmeno degli host plus.

Tutti questi motivi sono molto negativi se puntiamo a costruire un business di successo nel mondo di Airbnb perchè la reattività in questo lavoro è fondamentale.

Cerchiamo di evitare di trovarci in questi problemi ritagliandoci un po' di tempo ogni giorno per rispondere alle richieste degli ospiti. Se durante il giorno facciamo altro, potremmo stabilire un orario fisso per leggere e rispondere alle richieste, tenendo conto che, comunque, riceveremo delle e-mail ogni volta che qualcuno ci contatterà su Airbnb.

Magari potremmo avere delle risposte preimpostate alle domande più frequenti degli ospiti proprio per semplificare il lavoro e risparmiare tempo.

Airbnb, tra l'altro, già prevede che ogni volta che qualcuno ci contatterà, offrirà la possibilità di usare per rispondere un messaggio salvato in precedenza.

Comunque, la cosa migliore per rispondere rapidamente è quella di installare sul telefono l'applicazione di Airbnb. In questo modo potremo rispondere in tempo reale e ovunque ci troviamo. Se poi, in un determinato periodo siamo particolarmente impegnati e sappiamo in principio di non poter rispondere allora abbiamo anche la possibilità di mettere in pausa l'annuncio. Ovviamente si tratta di una soluzione estrema, ma alcune volte può servirci per staccare un po'. Per finire, ricordiamoci di avere sempre aggiornato il nostro calendario, specificando anche di quantificare il tempo di cui abbiamo bisogno tra una prenotazione e l'altra prima di poter tornare ad essere operativi. In questo modo eviteremo di ricevere prenotazioni impossibili e avremo sempre il nostro tasso di accettazione sempre su ottimi livelli.

A quel punto vedremo sulla sinistra dello schermo i dettagli della richiesta con il totale per le notti prenotate con il prezzo di Airbnb.

Da qui possiamo procedere a fare un'offerta speciale usando il bottone "fai un'offerta speciale". Quando facciamo un'offerta speciale dobbiamo inserire il nostro compenso più le spese per le pulizie qualora fossero previste, il sistema poi aggiungerà in automatico le commissioni di Airbnb per l'ospite e per l'host. Airbnb avviserà l'ospite non appena gli avremo inviato un'offerta speciale.

Dobbiamo specificare alcune cose relative alle offerte speciali ovvero:

- Le offerte speciali scadono dopo ventiquattro ore

- Un'offerta speciale non blocca le date sul calendario fino a quando non viene accettata dall'ospite

- Se non visualizziamo l'opzione per inviare un'offerta speciale, controlliamo che le date sul calendario non siano bloccate o di non avere richieste in sospeso per le stesse date

- Se abbiamo una richiesta di prenotazione in sospeso da un altro ospite, dovremo rifiutare prima di poter inviare un'offerta speciale

- Possiamo inviare un'offerta speciale a più ospiti per le stesse date finché qualcuno non prenota

- Se abbiamo previsto un deposito cauzionale per l' alloggio, sarà gestito come al solito e non dovremo aggiungerlo al totale dell'offerta speciale

- Assicuriamoci di includere tutti i pernottamenti della prenotazione

- Se l'ospite ha già inviato una richiesta o ne ha confermata una, non avremo modo di inviare un'offerta speciale

Quindi, quando pre-approviamo la richiesta di un ospite, diamo il permesso di confermare in modo automatico una prenotazione per le date che lo stesso ha specificato.

Le date non saranno bloccate sul calendario affinché noi possiamo pre-approvare delle richieste che si sovrappongono.

L'importo detratto dipenderà dalla data di accettazione della prenotazione e dal preavviso con il quale procederemo alla cancellazione rispetto al check-in cioè se cancelliamo più di sette giorni prima dell'arrivo, Airbnb detrarrà cinquanta dollari dal nostro compenso successivo.

Se cancelliamo meno di sette giorni prima dell'arrivo, Airbnb detrarrà cento dollari dal nostro compenso successivo.

I costi di cancellazione potrebbero non essere applicati se abbiamo portato a termine almeno dieci prenotazioni consecutive senza cancellazioni da quando abbiamo cominciato a ospitare oppure dalla nostra ultima cancellazione.

Un secondo svantaggio delle cancellazioni sta nel fatto che il calendario rimarrà bloccato, per cui non potremo accettare un'altra prenotazione per le stesse date di quella cancellata.

Un terzo tipo di penalizzazione che si ha con la cancellazione è avere una recensione automatica da parte di Airbnb. Questo significa che se cancelliamo la prenotazione prima del giorno del check-in, nel profilo del nostro annuncio verrà pubblicata una recensione automatica, per informare gli ospiti che abbiamo cancellato una delle prenotazioni. Queste recensioni non possono essere rimosse, ma possiamo sempre scrivere una risposta pubblica per chiarire tutte le nostre motivazioni.

Da non sottovalutare inoltre la reazione dell'ospite perché se cancelliamo una prenotazione il giorno del check-in o dopo, gli ospiti possono decidere di lasciare una recensione pubblica sul profilo del nostro annuncio e ovviamente non sarà una recensione positiva.

Se vogliamo diventare un superhost, dobbiamo sapere che esistono quattro criteri da soddisfare negli ultimi dodici mesi e che Airbnb monitora sempre se ci troviamo sulla giusta traiettoria.

I criteri sono:

- Avere un punteggio di 4.8 o superiore in base alle recensioni degli ultimi dodici mesi. Questo punteggio viene calcolato dalla data in cui gli ospiti lasciano le loro recensioni, non dall'ultimo giorno del loro soggiorno

- Avere una percentuale di cancellazione dell'1% o inferiore: una volta che i nostri ospiti hanno effettuato le prenotazioni, dovremo garantire il soggiorno e quindi non fare quasi mai ricorso alla pratica della cancellazione

- Mantenere un tasso di risposta del novanta percento: la percentuale di risposta è la percentuale di messaggi ai quali abbiamo risposto entro ventiquattro ore nell'ultimo anno. Ciò include gli ospiti che fanno domande e richieste di prenotazione

- Aver ospitato più di dieci volte nell'ultimo anno cioè aver ospitato ospiti almeno dieci volte negli ultimi dodici mesi o, se stiamo ospitando clienti a lungo termine, dovremo aver ospitato tre viaggi per un totale di oltre cento giorni

CAPITOLO 6

Compensi e pagamenti

Recentemente Airbnb ha modificato il modo in cui queste commissioni di servizio vengono applicate. Fino a non molto tempo fa le commissioni arrivavano sino al venticinque percento ed erano condivise tra l'host e l'ospite, anche se una buona parte di questa quota ricadeva sul viaggiatore.

tra due diversi modelli di attribuzione delle commissioni di servizio:

Il primo modello è quello che troviamo già impostato, una volta creato il nostro profilo su Airbnb.

Scegliendo questo modello, ci accolliamo tutte le spese, liberiamo il cliente da un onere e potremo acquisire un certo vantaggio competitivo nei confronti della concorrenza che non adotta questo questo metodo.

Il cliente, non avrà nessun addebito extra nel totale della sua prenotazione, quindi, pagherà un prezzo esen tasse.

Si tratta sicuramente di un metodo che ci fa vendere di più. La commissione di base del servizio non è fissa, ma può variare tra il quattordici percento ed il venti percento in base ad una serie di fattori come:

- Importo della prenotazione

- Lunghezza del soggiorno

- Caratteristiche dell'annuncio

In più Airbnb può applicare ancora un'altra commissione del due percento quando l'host adotta delle politiche di cancellazione molto rigide.

Il secondo modello è quello che prevede una condivisione dei costi tra host e ospite. In questo caso dovremo pagare una commissione del tre percento che sarà dedotta in modo automatico dal nostro profitto totale ogni volta che otterremo una prenotazione. Attenzione perché in alcune zone d'Italia ad elevato afflusso turistico questa percentuale potrebbe anche essere maggiore.

Nello stesso tempo, gli ospiti che prenotano attraverso Airbnb dovranno pagare una tariffa del tredici percento che dovrà essere sommata al prezzo totale della loro prenotazione.

L'importo esatto viene calcolato sulla base di differenti fattori tra cui il prezzo applicato dall'host e la durata del soggiorno. In più ci sono alcuni casi particolari in cui, in base alle caratteristiche specifiche dell'annuncio, Airbnb applica delle tariffe più alte.

Per quanto riguarda il primo punto ovviamente non esiste la possibilità che un cliente possa soggiornare nel nostro alloggio senza pagare, in quanto il pagamento da parte dell'ospite è fatto in anticipo. Potrebbero, però, nascere delle difficoltà ad esempio nel caso in cui il nostro ospite, al momento dell'arrivo, segnali dei problemi che riguardano il nostro alloggio.

In questi casi l'ospite, che tra l'altro ha già pagato la sua quota ad Airbnb, dovrebbe provare a mettersi in contatto con l'host per risolvere insieme il problema.

Se non si riuscisse a trovare nessuna soluzione l'ospite avrà diritto a soggiornare e a ricevere anche un rimborso parziale.

Se invece siamo noi a cancellare la prenotazione all'ultimo momento, oppure l'alloggio non corrisponde alla descrizione che abbiamo fornito o è in condizioni inadeguate, l'ospite avrà diritto ad un rimborso totale e noi saremo penalizzati da Airbnb.

Queste circostanze sono comunque abbastanza rare per cui, nella maggior parte dei casi, il pagamento da Airbnb verso l'host avviene ventiquattro ore dopo l'avvenuto check-in da parte dell'ospite.

Se l'ospite soggiorna per almeno ventotto notti consecutive il versamento avviene mensilmente, mentre, se ci sono diversi check-in previsti per più alloggi nello stesso giorno, tutti gli importi verranno inviati in un singolo compenso.

CAPITOLO 7
La gestione assistita

La gestione di appartamenti turistici può equivalere ad un vero e proprio lavoro a tempo pieno. Tempo che non sempre potremmo avere a disposizione.

Per molti Airbnb può essere preso come un divertente passatempo oppure un modo per arrotondare le entrate, ma quando i volumi crescono, se volessimo essere fortemente competitivi sul mercato, dobbiamo per forza valutare delle alternative.

Se non abbiamo modo di dedicarci interamente ad Airbnb non c'è niente di disonorevole o svantaggioso nel richiedere l'aiuto di qualcuno optando per una "gestione assistita" del nostro B&B.

Airbnb, offre diverse opzioni per coloro che intendono fare business attraverso la piattaforma. Alcune di queste opzioni prevedono la possibilità di farsi aiutare da altre persone.

Per essere più precisi: Airbnb prevede la possibilità di essere aiutato da co-host e da team. Questa possibilità ha aperto il mercato ad una serie di agenzie esterne specializzate che forniscono i servizi in modo professionale.

Il co-host è una persona che l'host ha assunto per aiutarlo con l'annuncio.

Solitamente si tratta di un familiare o un amico che aiuta l'host a gestire l'annuncio e gli ospiti. Si tratta quindi di una possibilità in più che Airbnb offre agli utenti, dal momento che non tutti hanno delle proprietà da affittare.

Se siamo interessati a diventare co-host e conosciamo qualcuno che già fa da host su Airbnb, potremmo suggerirgli di aggiungerci come co-host. Oppure, se conosciamo qualcuno che ancora non affitta il proprio alloggio, ma è interessato a farlo, aiutiamolo a pubblicare il suo annuncio e farci aggiungere come co-host.

Fino a qualche tempo fa Airbnb offriva agli host la possibilità di trovare i loro aiutanti attraverso una sorta dj marketplace dei co-host, ovvero una piattaforma dove un potenziale aiutante si metteva a disposizione dei proprietari entro un certo raggio di distanza da casa sua, fornendo una lista di servizi che era disposto a ricoprire e indicando una percentuale come compenso sul totale incassato.

Al momento, purtroppo, Airbnb non offre più questo servizio.

I co-host possono preoccuparsi di selezionare gli ospiti oppure di rispondere alle domande che i potenziali clienti possono fare sulla piattaforma. Possono anche occuparsi di accogliere i clienti presso gli alloggi prenotati, presentare la proprietà e fare molte altre cose. In genere l'host e il suo co-host firmano un vero e proprio contratto dove vengono spiegati i rispettivi compiti, la percentuale dei compensi della prenotazione che andrà al co-host e quali saranno i rimborsi per le sue spese.

Airbnb garantisce che i servizi offerti dal co-host vengano retribuiti. Tutti gli host possono trarre grandi vantaggi dall'avere un co-host. Anche se la piattaforma, come abbiamo visto nei capitoli precedenti, è abbastanza semplice da usare, l'attività richiede tempo e impegno.

Se siamo un host, ma non abbiamo molto tempo a disposizione,quindi, possiamo delegare molte responsabilità al co-host che saprà sicuramente esserci di grande aiuto. Elenchiamo alcuni modi in cui un co-host può aiutarci:

- Creare un annuncio perché si tratta di un'attività estremamente delicata in quanto ogni singolo alloggio ha delle proprie caratteristiche positive o negative ed è proprio la descrizione dell'alloggio che ne conferisce successo o fallimento. È opportuno tenere in considerazione che quando decidiamo di delegare questo tipo di attività, dobbiamo rivolgerci ad una persona che sia abile nella scrittura e sappia valorizzare l'annuncio nel migliore dei modi

- Scambiare messaggi con gli ospiti cioè un co-host può inviare messaggi alti ospiti per conto del titolare dell'annuncio usando il proprio account Airbnb da co-host. Questo potrà anche chattare con gli ospiti direttamente dal proprio telefono, quindi, è importante che la persona scelta abbia tempo a disposizione da poter dedicare a questa attività di public relation, conosca l'inglese e sia rapido nelle risposte

- Preparare lo spazio per gli ospiti cioè se non abbiamo mai pubblicato nulla, allora, il co-host ci aiuterà a preparare l'ambiente

- Gestire le prenotazioni

- Accogliere gli ospiti personalmente quindi rivolgersi ad una persona affidabile che parla l'inglese correttamente e che sia preciso e puntuale

- Aiutare gli ospiti durante il soggiorno perché per qualsiasi necessità il co-host potrà trovare una risoluzione. Si tratta di attività di grande valore per gli ospiti perché in questo modo non si sentirà mai abbandonato

- Aggiornare calendario e prezzi

- Scrivere le recensioni cioè i co-host possono usare il proprio account per recensire gli ospiti per conto del titolare dell'annuncio. A loro volta gli ospiti potranno recensire oltre che l'alloggio anche il co-host. I co-host possono visualizzare le recensioni precedenti, ma non possono rispondere

- Occuparsi della pulizia e manutenzione

- Rinnovare le forniture essenziali

- Avere assistenza da Airbnb cioè se il titolare dell'annuncio ha bisogno di contattare Airbnb per avere assistenza riguardo una prenotazione o un problema con gli ospiti, il co-host può gestire la comunicazione e trovare una soluzione, ma non può aprire e gestire le richieste del centro soluzioni.

I co-host non possono:

- Accedere alle informazioni che riguardano i compensi o le tasse del titolare dell'annuncio

- Controllare l'attività del titolare dell'annuncio che si trova su Airbnb come ospite

- Visualizzare eventuali messaggi che l'host ha scambiato con i propri ospiti prima che co-host fosse aggiunto all'annuncio

Il compenso richiesto per un co-host è variabile e dipende da quali e quante mansioni si delegano al collaboratore.

Solitamente si va da un minimo del dieci percento per la gestione delle attività online cioè quelle che si possono svolgere direttamente dal computer ad un massimo del trenta percento per servizi completi incluso la gestione dei prezzi, la manutenzione e le pulizie.

Un'altra figura che può gestire gli annunci è il team. Questa figura per alcuni aspetti risulta essere simile al co-host, ma più strutturata.

Infatti, in questo caso l'aiuto non è dato da un singolo, ma da una squadra.

Un team può essere rappresentato da una società o da un gruppo di persone che gestiscono un alloggio per conto del titolare o dell'affittuario. Il team può occuparsi di qualsiasi mansione, dall'impostazione dei prezzi al check-in, fino all'organizzazione che riguarda la manutenzione dell'alloggio.

In base ai servizi che fornisce, un team può gestire l'annuncio e le prenotazioni online, per esempio impostando i prezzi o inviando messaggi agli ospiti. Il team può anche gestire l'esperienza offline incontrando gli ospiti al momento del check-in o occupandosi della manutenzione dell'alloggio.

La possibilità di nominare un co-host, ma soprattutto la possibilità di creare dei team ha permesso a tutta una serie di operatori specializzati di affacciarsi sul mercato, offrendo servizi specifici a pagamento agli host.

CAPITOLO 8
Opportunità e profitti

Nella pratica stiamo dando al proprietario dell'appartamento la possibilità di godere di un periodo di tranquillità corrispondente a tutta la durata del contratto, liberandolo di fatto dal rischio imprenditoriale che dovrebbe invece sobbarcarsi se volesse impiegare in modo diverso lo stesso appartamento.

Visto e considerato che ci assumiamo questo rischio e che facciamo il lavoro più sporco e difficile, chiederemo una tariffa giornaliera più elevata per chi avrà voglia di trascorrere del tempo in quella stessa location.

Il posto migliore è quello con l'afflusso turistico maggiore anche se dobbiamo dire che esistono alcune città a maggiore proiezione turistica dove ci sono zone che sono migliori ed altre peggiori per investire e questo non dipende solo dall'afflusso turistico, ma anche da altri fattori come, ad esempio, la densità della concorrenza, il livello dei prezzi dei servizi, le regolamentazioni locali e così via. Per poter fare una scelta oculata occorre adottare un approccio analitico e scrupoloso. In altri termini bisogna armarsi di santa pazienza ed analizzare i dati, anche attraverso l'uso di opportuni software.

Il modo corretto per raggiungere un certo profitto dipende da quelli che sono i nostri obiettivi personali.

Tuttavia possiamo farci un'idea complessiva del possibile guadagno calcolando il tasso medio ponderato della nostra area.

Vediamo insieme qual'è la procedura da adottare:

- Calcolare la media delle tariffe giornaliere nella nostra area di interesse per i giorni feriali, dal lunedì al venerdì, e la media delle tariffe giornaliere per i fine settimana, sabato e domenica. Questi dati possono essere ricavati direttamente dalle offerte presenti su Airbnb cercando delle proprietà che abbiano più o meno caratteristiche similari alla nostra, nella stessa zona, e prendiamo nota dei prezzi durante i giorni feriali ed i fine settimana. Magari per facilitare il compito potremmo trascrivere i dati raccolti su Excel per semplificare il calcolo successivo delle medie

- Calcolare la tariffa media ponderata di tutte le proprietà su Airbnb usando la seguente formula: Tariffa media ponderata = (tariffa media giorni feriali * cinque + tariffa media sabato e domeniche * due) diviso sette

- Facciamo una stima di quello che è il nostro costo giornaliero; sarà sufficiente prendere il costo mensile totale che include non solo l'affitto, ma anche il costo delle utenze e dividerlo per trenta

- Calcolare il nostro indicatore di profitto. Dividiamo la tariffa media ponderata per il nostro costo giornaliero. Questo valore ci aiuterà a stabilire per quanti giorni al mese dovremo occupare il nostro appartamento per avere un profitto. Questo valore indica che, affinché l'operazione possa essere profittevole, dovremmo affittare la proprietà per la maggior parte del mese. Quando questo valore è uguale a uno o superiore a uno, invece, significa che si potranno avere profitti anche occupando l'alloggio per meno giorni durante il mese. Questo significherebbe per noi avere la possibilità di ottenere un profitto in meno di un mese. Se vogliamo essere sicuri di avere profitti, dobbiamo trovare delle opportunità di arbitraggio che ci permettano di calcolare un indicatore di profitto almeno superiore a due. Questo ci renderebbe quanto meno tranquilli dal rischio di non riuscire ad occupare il nostro alloggio per lunghi periodi durante il mese.

Nel nostro Paese il contratto di sublocazione è regolato dal codice civile secondo il quale: "Il conduttore, salvo patto contrario, ha facoltà di sublocare la cosa locatagli, ma non può cedere il contratto senza il consenso del locatore" (articolo 1594 del codice civile).

In altri termini: l'uso improprio di un appartamento sublocato renderebbe illecita la sublocazione.

I casi in cui il proprietario dell'immobile potrebbe opporsi alla sublocazione sono disciplinati dalla legge, ovvero, il proprietario potrebbe impedire la sublocazione quando:

- Il nuovo contratto di sublocazione o subaffitto prevede un cambiamento nell'uso e nella destinazione dei locali stessi

- L'inquilino rifiuta di comunicare le condizioni alle quali viene ceduto l'immobile in subaffitto

- Le condizioni sono considerate abusive rispetto a quelle scritte nel contratto principale

Si tratta di tre casi riportati dalla legge, oltre dei quali il proprietario dell'immobile può essere considerato dovuto.

Una distinzione che occorre fare è quella tra la sublocazione dell'intero immobile e la sublocazione parziale, ad esempio di camere singole.

Nel primo caso è importante che la possibilità di subaffittare sia sottoscritta nel contratto principale. Infatti, il conduttore non può procedere a sublocare l'intero immobile senza aver avuto prima l'autorizzazione del padrone di casa. Nel contratto che le parti hanno sottoscritto deve essere presente un' apposita clausola, in caso contrario non è possibile procedere con la sublocazione a terzi.

In ogni caso è sempre necessario avere il consenso scritto da parte del locatore.

Se, invece, l'obiettivo è quello di subaffittare una o più camere, non servirà la presenza di una clausola contrattuale né l'autorizzazione del proprietario. Quindi il subaffitto parziale funziona diversamente perché anche se nel contratto non è indicato nulla, è comunque legittimo.

Comunque, in presenza di gravi motivi, il padrone di casa potrebbe opporsi ugualmente.

Quando si prende in affitto un immobile con l'intento di subaffittarlo, il consiglio è di valutarne la destinazione d'uso dell'abitazione specificata nel contratto di locazione principale.

Se, infatti, il contratto di locazione specifica in modo esplicito che l'abitazione è destinata ad uso civile di abitazione, allora il conduttore non potrà svolgere la professione di affitta camere legalmente, dal momento che questo porterebbe per forza di cose ad un cambiamento della destinazione d'uso della cosa locata, né potremmo rifarci alle disposizioni di legge che regolano l'attività degli affittacamere perché è evidente che non possono esercitare nessuna influenza nei rapporti interni tra locatore e conduttore, in quanto sono disciplinati solamente dal contratto.

Secondo la legge, è necessario il permesso del proprietario dell'immobile o di chi ne ha diritto.

In alcuni casi i disaccordi che nascono sulla sublocazione possono portare ad una risoluzione del contratto di locazione principale.

Anche questi casi sono regolati dalla legge:

- Quando il conduttore non comunica le condizioni di sublocazione al proprietario

- Quando il conduttore non rispetta il rifiuto al permesso da parte del proprietario e mette in atto comunque un contratto di sublocazione nonostante il parere avverso, e giustificato dalla legge, di chi gode dei diritti reali sull'appartamento

- Quando il proprietario avrebbe potuto rifiutarsi se fosse stato a conoscenza di quanto avvenuto

Si tratta di casi specifici, oltre i quali non sarà possibile procedere alla risoluzione del contratto principale a favore del contratto conseguente di sublocazione.

Occorre precisare che comunque il subaffitto non è proprio un'attività priva di rischi.

Il conduttore, infatti, è responsabile di eventuali danni arrecati all'abitazione dal subconduttore ed è tenuto a risarcire il proprietario in caso di problemi.

In particolare se un soggetto terzo non lascia l'immobile e rimane anche oltre la scadenza stabilita, la responsabilità dell'affittuario sarà patrimoniale.

Il locatario può far valere il proprio dritto di fronte a un giudice civile, perciò l'inquilino che decide di affittare si assume la piena responsabilità, e dovrà rispondere in prima persona e con tutti i mezzi a propria disposizione ad ogni tipo di controversia o danno che si viene a creare.

In conclusione possiamo dire che gestire gli immobili non è affatto facile e se non si prendono le giuste precauzioni, si può correre il rischio di cadere nell'illegalità.

Prima di concludere un qualsiasi contratto ricordiamoci di richiedere l'intervento di uno specialista di leggi e contratti onde evitare problemi sia al proprietario sia all'affittuario del contratto principale.

CAPITOLO 9
Studiare il mercato

Potremo arrivare a comprendere e prevedere le oscillazioni dei prezzi del mercato o, addirittura, prevedere i flussi di traffico dei clienti.

Il primo sistema che consigliamo per

analizzare il mercato consiste nell'analizzare attentamente le offerte che sono presenti su Airbnb. Facendo delle ricerche sugli annunci presenti nelle località vicine alla nostra potremo renderci conto dei prezzi, delle fotografie usate dai concorrenti e probabilmente troveremo anche spunti sugli elementi tipici di quel determinato annuncio che possono fare la differenza.

La prima cosa da fare per restringere una ricerca è quella di inserire una città nel campo principale, dopodiché potremo visualizzare i principali filtri di ricerca disponibili che riguardano le date del soggiorno, il numero di ospiti, la tipologia di viaggio, il tipo di alloggio, il prezzo e la possibilità di prenotare immediatamente.

Inoltre cliccando su "più filtri", avremo a disposizione molte più possibilità e potremo, ad esempio, trovare tutti gli alloggi che hanno un certo numero di letti, camere o bagni, tutti quelli verificati da Airbnb oppure tutti quelli offerti dai superhost.

Prima di tutto si potranno selezionare gli alloggi in base alla tipologia. Ci sono infatti moltissime tipologie di case: appartamenti, bungalow, chalet, dammusi, ville, case a schiera, case galleggianti e case nella roccia. Potremo ridimensionare la ricerca selezionando o deselezionando quelli che offrono la prima colazione oppure includendo o escludendo, hotel, ostelli e resort.

Usando il filtro dei servizi, potremo trovare tutti gli alloggi che hanno determinati servizi essenziali come la cucina, il riscaldamento, l'aria condizionata, la wi fi e servizi extra.

Un altro gruppo di filtri può riguarda le opzioni di accessibilità e quindi potremo identificare tutti quegli alloggi che presentano caratteristiche particolari che riguardano la presenza di scale, gradini o accessi difficoltosi. Tutto questo stanza per stanza.

Potremo restringere o allargare la ricerca facendo riferimento alle regole della casa, alla lingua dell'host e addirittura alla presenza di guide per i diversi quartieri della città.

Per finire potremo anche usare la mappa interattiva per circoscrivere la nostra area geografica competitiva.

Per comprendere meglio, proviamo a fare un esempio pratico.

Supponiamo di avere a disposizione un appartamento con due stanze e un bagno nel quartiere Navigli a Milano. Supponiamo inoltre che la nostra offerta riguardi l'intero alloggio che include una stanza da letto doppia, una cucina e l'accesso a internet.

Utilizzando i filtri che abbiamo appena elencato potremmo scoprire che su Airbnb ci sono tot. appartamenti con le stesse caratteristiche.

Dal momento che sappiamo che i Navigli sono un quartiere abbastanza grande, e alcune parti sono più importanti di altre, potremmo usare la mappa per identificare solo la parte di quartiere che ci interessa.

All'interno di questa sottosezione potremo identificare un sottoinsieme di concorrenti. Accertiamoci a questo punto di inserire tra i nostri preferiti l'URL dei risultati della ricerca.

In questo modo potremo tornare sulla stessa pagina e vedere se qualcosa è cambiato in un secondo momento. Facendo questo lavoro in modo organizzato e sistematico potremo monitorare sempre i nostri concorrenti.

Se volessimo limitare ulteriormente la ricerca, potremmo considerare solo i concorrenti che lavorano in un determinato range di prezzo oppure trovare solo quelli presenti in un determinato periodo. Una volta che avremo definito i filtri da usare per avere le offerte simili alla nostra, consigliamo comunque di raccogliere i dati trascrivendoli in un foglio di calcolo.

Se volessimo velocizzare questo processo possiamo usare uno strumento di webscraping che trasporterà automaticamente i risultati di ricerca all'interno di un foglio excel.

Uno di questi strumenti si chiama import.io che è disponibile sia in una versione base gratuita, sia in una avanzata a pagamento. La versione gratuita è comunque più che sufficiente per i nostri scopi, perché permette di estrarre dati da mille ricerche ogni mese.

Una volta dopo aver scaricato tutti i dati nel foglio di calcolo, potremo analizzarli ancora meglio per cercare sottosegmenti di concorrenza con caratteristiche omogenee. Conviene restringere il campo limitandosi solo alle offerte che sono più simili alla nostra. Facendo questo lavoro avremo anche delle utili informazioni sulle politiche adottate dai concorrenti relative a problematiche quali le spese accessorie per le pulizie, i costi di deposito e la permanenza minima di notti richiesta.

Se non siamo in grado di affrontare tutto il lavoro appena descritto, inclusa l'analisi su Excel, oppure se volessimo condurre un'analisi più sofisticata, potremmo pensare di adottare uno strumento di analisi esterno creato apposta per l'analisi della concorrenza su Airbnb.

Sul mercato esistono già diverse soluzioni molto valide. I tool più usati a tal riguardo sono Inside Airbnb e AirDna. Il primo strumento è gratuito, mentre il secondo offre alcune funzioni in modo gratuito ed altre solo su abbonamento.

Il primo strumento esterno utile che si consiglia di usare per l'analisi della concorrenza si chiama Inside Airbnb.

Il sito ha una serie di dati e di strumenti gratuiti che sono in grado di comprendere come Airbnb sia usato dagli host di moltissime città di tutto il mondo.

Inside Airbnb analizza attraverso un software studiato ad hoc le informazioni pubbliche che si possono raccogliere da migliaia di annunci di Airbnb. Così riesce a fornire delle misure e dei parametri con i quali è possibile valutare diversi mercati turistici e residenziali.

In pratica usando Inside Airbnb possiamo trovare le risposte a delle domande importanti che riguardano la zona sotto analisi.

Volendo è possibile anche trovare la soluzione per problemi molto più complicati.

Tutte queste domande e le relative risposte, possono essere di grande aiuto per comprendere quali città del mondo e quali zone sono le più adatte per fare un investimento. Per capire meglio l'uso dello strumento, proviamo a fare un esempio concreto.

Al momento, le città che Inside Airbnb monitora in Italia sono sette ovvero: Bologna, Firenze, Napoli, Milano, Roma, Venezia, Trento. Supponiamo di voler analizzare la città di Roma. Il software ci mostra sulla mappa tutti gli annunci presenti nella città. La mappa si può zoommare a proprio piacimento.

Ogni puntino sulla mappa rappresenta un alloggio diverso. Passando il mouse sopra un puntino si possono visualizzare tutta una serie di statistiche che riguardano l'alloggio specifico tra cui il fatturato stimato, il tasso di occupazione stimato, la disponibilità e molte altre cose.

Tutte queste informazioni possono essere molto utili quando si analizza una zona.

Uno dei dati più importanti da considerare è il tasso di occupazione.

Se, infatti, un immobile ha un tasso di occupazione più basso del venti percento significa che per il proprietario l'affitto è solo un'attività saltuaria o che la casa è fuori mercato. Quando, invece, si trovano delle percentuali molto elevate, con quote superiori al settanta percento dovremmo iniziare a insospettirci, perché queste percentuali sono alquanto impossibili da raggiungere da un singolo proprietario che operi in proprio.

Per avere una percentuale così alta i proprietari devono adottare un sistema organizzato di tipo aziendale, cioè andando a pubblicare gli annunci anche su altre piattaforme come Booking, Homeaway, Casevacanza.it e simili. Nella parte destra della schermata troviamo quelle che sono le informazioni di riepilogo che riguardano tutta l'area selezionata.

Possiamo decidere di ottenere informazioni su tutta la città, oppure, focalizzare la nostra analisi sui singoli quartieri, usando i filtri.

Nella parte destra dello schermo troviamo le informazioni sul "Tipo di stanza".

Nel riquadro successivo troviamo le informazioni sulle "Attività". Qui è possibile trovare informazioni sul tasso di occupazione medio, sul numero di notti per anno e la rendita mensile di ogni annuncio.

Nel riquadro successivo si trovano le informazioni sulla "Disponibilità" degli appartamenti. Se la disponibilità è elevata, cioè uguale o superiore al sessanta percento significa che la maggior parte degli appartamenti nella zona sono disponibili tutto l'anno, escludendo ovviamente i periodi già prenotati. Molto probabilmente il proprietario non è presente: gli alloggi potrebbero essere illegali e potrebbero allontanare i residenti dal quartiere.

Un'altra statistica importante riguarda gli "Annunci per host". Questo dato è molto importante perché mostra quanta concorrenza strutturata esiste nella zona. Gli host che hanno annunci multipli sono dei soggetti con un'organizzazione che possiamo definire aziendale che gestiscono molte proprietà su Airbnb.

La loro presenza in forte percentuale mostra un mercato dove competere può essere più difficile, ma anche molto attraente.

Infine, è possibile anche avere un elenco di tutti gli host della zona, ordinato in base al numero di annunci. Cliccando sui singoli nomi, si possono trovare le proprietà sulla mappa e stilare un'analisi più approfondita per ognuno di essi.

Il secondo strumento esterno che potremmo usare, dopo aver effettuato l'analisi su Airbnb è il tool AirDna Marketminder, disponibile sul sito airdna.co.

Tale strumento è parzialmente gratuito, nel senso che alcune delle sue funzionalità possono essere usate liberamente, senza neanche registrarsi.

Per le funzioni più avanzate occorre, invece, registrarsi e acquistare i servizi attraverso un abbonamento. Si tratta di uno strumento molto simile ad Inside Airbnb, ma offre per alcuni aspetti un livello di analisi maggiore e più approfondito.

Il servizio fornisce indicazioni utili per poter valutare il nostro mercato locale.

AirDna, infatti, raccoglie i dati in tempo reale e monitora quotidianamente la prestazione di oltre due milioni di annunci in più di cinquemila città in tutto il mondo. Attraverso la manipolazione corretta di questi dati, AirDna fornisce dei report attendibili e analisi di mercato con i tassi di occupazione, la domanda stagionale e i ricavi che nascono dagli affitti a breve termine.

Quindi, uno strumento davvero indispensabile per sapere quel di più su quello che accade all'interno del mercato di riferimento, e non solo, permettendo di scoprire anche il numero di proprietà immobiliari presenti in Airbnb, il report cronologico degli annunci, i tassi di occupazione medi, i tassi di occupazione degli ultimi dodici mesi, lo storico, i tassi di occupazione per dimensione di alloggio, i ricavi per dimensione alloggio, per numero di ospiti, e continuato, le richieste settimanali e giornaliere, la tariffa media giornaliera, i costi aggiuntivi e gli sconti, le impostazioni di prenotazione come il soggiorno minimo, la prenotazione istantanea, la politica di cancellazione, le informazioni sull'host, le valutazioni complessive e dettagliate maturate, la percentuale di proprietà con servizi, i dieci annunci con maggior successo.

Vediamo con un esempio come funziona. Supponiamo di voler analizzare una città di un mercato estero. Nel nostro esempio: Parigi.

Nella parte superiore dello schermo il software fornisce molti dati statistici che riguardano la città analizzata. La parte inferiore, invece, contiene una mappa della zona.

La prima informazione utile che AirDna ci suggerisce riguarda il punteggio elaborato dal proprio sistema e chiamato "market grade".

Si tratta di una valutazione interna riguardo la potenzialità del luogo per scopi turistici e commerciali.

Maggiore sarà il voto, migliore sarà la zona. Dal momento che il software è in lingua inglese, i voti sono espressi in lettere e quindi il voto migliore corrisponde alla lettera A, poi abbiamo, C, D, e così via. In più sono previsti dei voti intermedi come A+, B+, e così via. Questo voto dipende dai punteggi calcolati su quattro parametri:

- Rental Demand che indica la domanda di affitti della zona. Maggiore sarà il valore, maggiore sarà la richiesta da chi cerca alloggi in affitto

- Revenue Growth che indica il tasso di crescita delle rendite nella zona. Maggiore sarà, più significherà che la zona sarà promettente dal punto di vista delle rendite potenziali

- Seasonality che indica la stagionalità. Le zone migliori sono quelle per le quali non c'è tanta differenza tra la bassa stagione e l'alta stagione. Cioè un valore alto su questo parametro significa che gli alloggi nella zona non sono soggetti al fenomeno della stagionalità

- Regulation che esprime la quantità di regole dettagliate presenti nella zona. Ovviamente è meglio che non ce ne siano troppe, per cui il punteggio sarà maggiore per le zone dove esistono meno regolamentazioni locali

Cliccando sul pulsante "Pricing" è possibile avere delle informazioni sui prezzi medi della zona. Sempre nell'ambito dell'analisi del prezzo, si può capire quali sono i prezzi medi in ogni giorno di ogni mese e anche il numero di alloggi disponibili. Questi valori vengono indicati sul calendario. È possibile,anche, vedere l'andamento dei prezzi medi giorno per giorno, che volendo si può filtrare anche per tipo di alloggio.

Se clicchiamo sul tasto "Occupancy" si possono invece avere dei dati riguardanti i tassi di occupazione medi della zona.

Nella "Rental Analysis" troviamo il numero di annunci attivi, punteggio di rating medio e anche il numero medio di visualizzazioni settimanali di ogni annuncio.

Questi dati si possono avere come riferimento per verificare l'andamento delle proprie inserzioni rispetto alla media del luogo. Un'altra funzione molto utile presente in AirDna, che non troviamo in altri tool, è quella che riguarda la scheda "Amenities". Questa ci mostra la dotazione media di accessori ed extra degli alloggi della zona, accessori considerati fondamentali, ma non sufficienti per battere la concorrenza.

Infatti, solo il venti percento degli alloggi ha un'asciugatrice e pochissimi sono definiti come "business ready".

Per battere la concorrenza nella zona, si potrebbe puntare ad offrire i servizi essenziali aggiungendo anche qualcosa che gli altri non hanno. Nel caso in esempio potrebbe essere l'asciugatrice.

Quindi, grazie ad AirDna potremo ottimizzare la nostra offerta in qualità di host. Riusciremo a capire se la nostra proposta è fuori mercato, fin quanto possiamo spingerci con il prezzo e, ancora, che cosa dovremmo aggiungere a livello di offerta per essere in linea con i concorrenti sulla mercato.

Quando l'attività sarà avviata e saremo pronti ad effettuare un investimento per fortificare i nostri strumenti di ricerca e analisi del mercato, il consiglio è quello di prendere in considerazione anche l'uso di strumenti a pagamento come questo e di approfondire ulteriormente il nostro sapere.

CAPITOLO 10
La competizione

Bisogna prima di tutto comprendere, però, che Airbnb è un portale enorme e, come tutti i portali così grandi, ha un proprio algoritmo governato da regole complicate.

Queste regole selezionano quali annunci debbano comparire in cima alla lista e quali in fondo. In un certo senso il software che è dietro Airbnb non è molto diverso da quello che è dietro Google, Amazon, e altri importanti siti web.

I fattori specifici che formano la complicata formula dell'algoritmo di ricerca di Airbnb sono più di cento e sono segreti, ma la stessa società afferma che questi rientrano in alcune grandi categorie e includono:

- Fattori che riguardano le specifiche del viaggio
- Fattori che riguardano le caratteristiche dell'annuncio
- Fattori che riguardano le richieste degli ospiti

Se intendiamo migliorare la nostra classifica nei risultati di ricerca dobbiamo lavorare su queste macro-aree e migliorare tutti i micro-elementi che le compongono.

Con l'avanzare del tempo molti utenti veterani di Airbnb hanno studiato il meccanismo della piattaforma, sperimentando sulla propria pelle ogni possibile cambiamento e cercando di trovare il modo di ragionare dell'algoritmo. Questo lavoro ha permesso a molti host esperti di avere tantissimi insegnamenti.

Proviamo, ad esempio, ad aumentare e diminuire i prezzi di pochissimi euro al giorno, almeno una volta a settimana.

Perché farlo? Se un turista ha salvato oppure ha visitato il nostro annuncio per delle date specifiche, Airbnb e i suoi cookie di profilazione lo hanno registrato e, subito dopo e nei giorni seguenti, il turista riceverà delle email promozionali da Airbnb che gli mostrerà alloggi che offrono degli sconti in quella zona e per quel periodo.

Quindi, se abbassassimo il prezzo anche solo di pochi euro, potremmo essere uno di quegli alloggi promossi da Airbnb via email e può essere che il turista, invogliato dal ribasso, colga l'occasione e prenoti.

Il prezzo non viene considerato direttamente nell'algoritmo di ricerca perché è evidente che alloggi diversi possano avere prezzi diversi in base ai servizi offerti. Tuttavia il prezzo influenza il numero di prenotazioni che avremo. Un prezzo troppo alto porterà meno ospiti, quindi meno recensioni e alla lunga tutta una serie di penalizzazioni nel posizionamento nelle ricerche.

Al contrario un prezzo troppo basso è sconveniente per le nostre entrate in tutti i sensi. Per cui cerchiamo di mantenerci allineati al prezzo di mercato o, se siamo agli inizi, leggermente al di sotto.

Se volessimo avere dei buoni risultati dobbiamo pianificare minuziosamente la strategia di prezzo. A volte questo può anche significare dover condurre sperimentazioni di prezzo. La staticità non piace all'algoritmo.

Al contrario, cambiare spesso il prezzo non è solo un modo per essere notati dal mercato, ma è anche un sistema per far in modo che l'algoritmo si accorga della presenza dei nostri annunci.

L'algoritmo di Airbnb favorisce gli annunci che hanno prenotazioni frequenti. Ecco perché se non stiamo avendo prenotazioni dovremmo abbassare il prezzo per acquisirne diverse: per farci notare dall'algoritmo che, a fronte di nuove prenotazioni, farà salire di nuovo la annuncio nel classifica dei risultati. A questo punto potremo alzare di nuovo le tariffe. Non si tratta di svendere l'alloggio, ma di abbassare i prezzi come strategia, come investimento pubblicitario.

Selezioniamo dei periodi da incentivare, mesi morti, giornate infrasettimanali e abbassiamo i prezzi in modo considerevole.

Alla fine quello che conta è ripagarsi i costi di gestione e non andare in perdita anche se non guadagneremo nulla. Molti si fanno pubblicità su Facebook Ads o Google Adword, ma tutto questo ha un costo e se non sappiamo scegliere la pubblicità giusta, rischiamo di pagare molto convertendo poco o nulla.

Cosi facendo, invece, non guadagneremo molto, ma nemmeno andremo a perdere chissà quanti soldi. Riempiendo periodi che molto probabilmente rimarrebbero sfitti, andremo a scalare la classifica della vetrina di Airbnb. E finire sulla prima pagina nei risultati di ricerca della nostra città, è un traguardo eccezione perché molte persone cliccano i primi annunci che gli appaiono e di conseguenza avremo ancora più possibilità di essere visti e ricevere prenotazioni.

Quindi, il comportamento d'acquisto della maggior parte degli utenti prevede due fasi:

- Nella prima fase il turista ricerca gli annunci attraverso il motore di Airbnb e compie una prima scrematura inserendo nella wish list solo gli annunci di proprio gradimento

- Nella seconda fase il turista esamina solo gli annunci presenti nella propria wish list e seleziona tra questi l'alloggio per il proprio soggiorno

Un altro aspetto interessante da considerare è che anche se non esistono dati ufficiali in merito, è scontato che l'algoritmo tenga presente del numero di persone che hanno fatto clic su un annuncio e di quelle che lo hanno inserito nella propria lista dei desideri.

Il primo accorgimento riguarda il testo e l'aspetto dell'annuncio che deve essere dettagliato e curato, anche nell'aspetto grafico. Ritorna, quindi l' importanza delle foto. Le foto rappresentano il fattore più immediato della selezione iniziale. Infatti, soltanto se un'immagine è in grado di avere l'attenzione di un utente, questo viene poi spinto a continuare la navigazione sulla pagina, cercando il resto dei dettagli dell'offerta

Ricordiamo anche di scrivere in modo chiaro nell'annuncio un testo che inviti l'utente a memorizzarlo nella sua lista dei desideri. In questo modo, anche se non avremo delle prenotazioni immediate, riusciremo comunque a catturare l'attenzione di chi ci legge.

Cerchiamo di evitare problemi di doppie prenotazioni, non andare in overbooking è fondamentale, sia per la propria reputazione che per quella del portale: contattare un cliente per annullare la sua prenotazione fa perdere di credibilità sia alla struttura che al sito. Ecco perché Airbnb presta molta attenzione a quanto di frequente un calendario venga aggiornato. Un'ottima idea potrebbe essere quella di aggiornare il calendario su base giornaliera, sia per sincronizzare le prenotazioni ricevute tramite altri canali, sia per essere sempre sicuri che i giorni disponibili siano indicati correttamente.

Attenzione,però, perché se lavoriamo anche su altri canali, l'algoritmo potrebbe accorgersene e penalizzarci. L'algoritmo di Airbnb favorisce le prenotazioni se manteniamo un alto tasso di risposta alle richieste.

Le visualizzazioni degli annunci su Airbnb sono influenzate dalla rapidità con cui si risponde alle richieste di informazioni.

Solitamente cercando un alloggio compare sempre un indicazione riguardo la velocità dell'host nel dare risposte. Se ci soffermiamo a pensare, quando ricerchiamo una casa per le vacanze confrontiamo molte proposte e non abbiamo molto tempo a disposizione. Aspettare pure a lungo una risposta può essere davvero frustrante. Ecco perché Airbnb favorisce coloro che impiegano poco tempo a rispondere.

Il consiglio quindi è semplice: dobbiamo essere più reattivi. L'algoritmo tiene conto sia del tasso di risposta che del tempo che impieghiamo per rispondere.

In ogni caso non dobbiamo mai lasciare passare più di ventiquattro ore prima di rispondere ai potenziali clienti.

La prima richiesta è quella che conta per l'algoritmo. Se non abbiamo tempo, siamo al lavoro o per strada, possiamo sempre usare l'applicazione per rispondere con un semplice messaggio. In alternativa, potremmo preparare delle risposte preimpostate e fare copia e incolla con delle piccole modifiche.

In conclusione consideriamo che la rapidità nel dare risposte non serve solo a far capire all'algoritmo che siamo host affidabili, ma soprattutto serve per dare al potenziale cliente un'immagine di professionalità ed efficienza. Qualora dovessimo tentennare troppo vorrebbe perdere i clienti.

In linea di massima l'algoritmo di Airbnb favorisce gli annunci che portano l'utente a prenotare più rapidamente, in particolare gli annunci dov'è presente la funzione di prenotazione immediata sono favoriti rispetto agli altri. Tale funzione consiste in un'opzione che velocizza le tempistiche di interazione con gli annunci disponibili sulla piattaforma di Airbnb con la conseguenza che le inserzioni che danno tale opportunità, sono anche quelle più usate, traducendo il tutto in un giro d'affari molto più ampio e redditizio.

L'algoritmo di Airbnb favorisce gli annunci degli host che mantengono un basso tasso di cancellazioni. Per comparire nelle posizioni alte dei risultati di ricerca dobbiamo cercare di minimizzare le cancellazioni ed evitare i rifiuti. Per quanto riguarda le cancellazioni è ovvio che queste influenzino negativamente la classifica, poiché Airbnb non ritiene affidabile un host che faccia ricorso a questo metodo molto spesso. Per quanto riguarda le richieste rifiutate, in teoria questa pratica è del tutto legittima. Airbnb dice semplicemente che, dopo aver ricevuto una richiesta, abbiamo ventiquattro ore per accettare o rifiutare.

Quello che però Airbnb non dice è che, in caso di rifiuto, l'algoritmo ne terrà conto penalizzando il nostro annuncio. Cerchiamo, quindi, di mantenere basso anche il numero di richieste oltre i rifiuti.

Teniamo, anche, in considerazione che il rapporto numerico tra click ed effettive prenotazioni rappresenta un altro fattore abbastanza condizionante sulla classifica di ricerca dell'annuncio. Pertanto, se abbiamo molti click, ma poche prenotazioni, l'Algoritmo penserà che nel nostro annuncio c'è qualcosa che non va e ci penalizzerà facendoci scendere in basso nel risultato della ricerca.

L'algoritmo di Airbnb tiene sicuramente molto in conto sia il numero sia la qualità di recensioni che riceviamo. Effettivamente questo è il fattore più conosciuto del funzionamento del sistema. Per questo motivo dobbiamo fare in modo che ogni persona che abbiamo ospitato lasci sempre una recensione positiva cioè convincerli in tutti i modi a farlo e mettere in atto strategie che evitino quelle che sono le recensioni negative.

Il modo più semplice per incoraggiare i nostri ospiti a lasciare recensioni positive è semplicemente chiedere a loro di farlo.

Lasciare un messaggio per invogliarli sicuramente porterà ad avere più recensioni ed è conveniente anche per gli ospiti, in quanto permette loro di liberarsi delle sensazioni negative prima che queste vengano sfogate in una recensione.

Ricordiamoci che la recensione è uno scambio e che anche noi siamo chiamati a giudicare i nostri ospiti. Se vogliamo che un viaggiatore che abbiamo ospitato nel nostro alloggio lasci una recensione, dobbiamo prima di tutto fare questa cosa noi per primi. Il miglior sistema per avere delle buone recensioni è proprio quello di iniziare a scriverle.

La recensione può essere lasciata nei quattordici giorni che seguono il check-out del cliente. Approfittiamo di questo lasso di tempo per mettere su carta le nostre esperienze nella relazione con gli ospiti, cercando di essere il più possibile sinceri, positivi e di stimolare una loro risposta. In questo modo, riceveremo in cambio un'ottima recensione.

CAPITOLO 11
La competizione fuori la piattaforma

Dobbiamo mettere in chiaro che essere presenti su più canali è possibile, ma non è necessariamente detto che sia anche vantaggioso. Infatti, se le risorse che abbiamo a disposizione sono limitate non riusciremo a ricavare nessun beneficio da questa strategia, ma se la dotazione di risorse è generosa, può essere utile aggiungere come si suol dire qualche meccanismo in più al nostro sistema basilare.

La strategia multicanale è, quindi, quella che prevede la presenza contemporanea su più portali di affitti brevi per turisti.

Il principale punto di forza nell'adottare questo metodo lo si trova nella possibilità di ampliare il pubblico al quale ci rivolgiamo perché tra le altre piattaforme ci sono siti che vengono consultati da tipologie di turisti diversi da quelli che normalmente usano Airbnb e che altrimenti, non riusciremmo mai a raggiungere. Lo svantaggio principale consiste, invece, nel fatto che la gestione di più siti in contemporanea può essere complicata.

Se infatti è necessario leggere un libro intero per iniziare a entrare nei meccanismi di Airbnb, proviamo anche solo ad immaginare quanto dovremmo studiare per carpire il funzionamento di ogni altro sito.

Esiste poi il problema della gestione, in quanto si moltiplicherebbero il numero di annunci da predisporre e le piattaforme da verificare.

Nel caso in cui gli annunci sono tanti potrebbe essere obbligatorio farsi aiutare da un'agenzia o da un collaboratore esterno. Detto questo, non si vuole assolutamente dire che l'uso di più portali non possa essere vantaggioso.

Sceglierne solo uno ed in questo caso Airbnb, ci semplifica il lavoro e ci fa raggiungere la massima efficacia su questa piattaforma, ma è ovvio che la scelta è prettamente personale.

Si tratta semplicemente di definire una strategia e poi di seguire una linea di azione coerente.

Vediamo insieme le principali alternative che oggi abbiamo a disposizione.

La principale alternativa ad Airbnb è Booking.com. Effettivamente molti degli host che usano Airbnb decidono di caricare i propri annunci anche su Booking. Si tratta però di due portali molto differenti tra loro. Per quanto riguarda le varie differenze che possono esserci tra questi due portali, le vedremo più avanti in un capitolo dedicato esclusivamente a questo.

L'altra alternativa a Airbnb è HomeAway. Quest'azienda è anche più vecchia di Airbnb, essendo nata qualche anno prima.

Nel corso degli anni si è molto ingrandita attraverso l'acquisizione di altri siti e portali, incluso VRBO, un sito concettualmente molto simile ad Airbnb.

HomeAway opera in modo simile a ad Airbnb, ma offre prevalentemente case intere (mentre su Airbnb si possono trovare anche stanze singole e stanze condivise).

Altra grande differenza è che HomeAway permette due modalità di iscrizione: una modalità gratuita, nella quale si pagano delle commissioni solo dopo aver avuto delle prenotazioni ed una che invece prevede il pagamento di un abbonamento annuale. L'obiettivo di HomeAway è di fornire affitti più tradizionali rispetto a quelli offerti da Airbnb. Questa politica ha permesso all'azienda di fare importanti progressi soprattutto nel mercato americano negli ultimi anni.

Il problema principale di HomeAway è stato l'approccio dell'azienda nei confronti degli host che spesso si sono allontanati perché si sono sentiti insoddisfatti soprattutto riguardo le commissioni fisse. Spesso infatti gli host su HomeAway non riescono a caricare annunci di più proprietà in affitto, in particolare se si tratta di proprietà che potrebbero non attirare molti clienti, perché non riescono a coprire i costi fissi del sistema.

Occorre dire che HomeAway sta lavorando diligentemente per fare in modo che più proprietari di immobili acquistino il loro piano di abbonamento e sta incrementando molto l'impatto pubblicitario per attirare più clienti. Sebbene siano molto simili, non dobbiamo vedere Airbnb e HomeAway come la stessa cosa: entrambi i portali hanno un impatto enorme sul settore degli affitti brevi di case vacanza e sulla cultura dell'ospitalità nel totale complesso. I portali si rivolgono a gruppi di viaggiatori abbastanza diversi. I turisti che cercano di avere una sistemazione più flessibile durante le proprie vacanze e che viaggiano da soli, o che non vogliono sentirsi troppo legati, possono essere più portati a usare Airbnb. Le famiglie che cercano interi appartamenti per periodi più lunghi, possono invece essere più propensi per le offerte di HomeAway, che tra l'altro lavora soprattutto attraverso società intermediarie affermate con comprovata esperienza nell'ambito degli affitti brevi.

Certamente entrare in Homeaway significa essere presenti in una decina di siti internazionali importanti. Per questo motivo, se siamo già su Airbnb, potrebbe essere opportuno provare ad entrare anche su HomeAway, magari approfittando inizialmente della formula gratuita per valutare il servizio.

Poi abbiamo TripAdvisor che è la community per eccellenza dedicata ai viaggiatori più grande del mondo.

Il sito, nato con l'idea di supportare le persone durante la pianificazione dei propri viaggi, è riuscito a cambiare nel vero senso della parola il nostro modo di viaggiare. Se un tempo ci si affidava solo alle agenzie e alle guide per cercare informazioni su eventuali destinazioni turistiche, locali e alberghi, oggi è normale, prima di tutto il resto, leggere i commenti lasciati su TripAdvisor dalle persone che hanno già vissuto quell'esperienza che ci interessa.

Recentemente, anche TripAdvisor si è aperto al mercato degli alloggi privati acquisendo siti specializzati nel settore, come Holiday Lettings, Flipkey e Housetrip.

Il programma dedicato agli affitti brevi si chiama "TripAdvisor Rental" e, come Airbnb, permette di promuovere la nostra casa, appartamento, villa, camera privata in tutto il mondo, inserendo un annuncio gratuito.

Anche in questo caso ci sono alcune differenze: prima di tutto bisogna dire che, anche se il numero di annunci presenti su TripAdvisor è grande, non si avvicina minimamente ad Airbnb questo perché Tripadvisor è nato con uno scopo diverso e solo di recente si è evoluto nei servizi per gli host che propongono affitti brevi. Quindi, anche se l'offerta risulta vasta, è ancora costretto a inseguire. Un altro punto di differenza lo si ha nella politica adottata in merito a cancellazioni e rimborsi.TripAdvisor non è un'agenzia di viaggi, non eroga rimborsi agli ospiti, eventuali cancellazioni e rimborsi successivi devono essere elaborati attraverso l'agenzia di prenotazione usata. Per cancellare una casa vacanza prenotata tramite un proprietario di abitazione, è necessario fare riferimento all'accordo firmato con il proprietario o il gestore della proprietà.

Per quanto riguarda,invece, le commissioni, esistono molte similitudini in quanto TripAdvisor Rental addebita all'ospite una commissione che va dall'otto percento al quindici percento che si somma automaticamente al costo dell'affitto.

Mentre i proprietari pagano una commissione del tre percento. Si tratta quindi di valori che sono del tutto in linea con quelli di Airbnb. Anche per i pagamenti la politica è uguale: il pagamento della somma viene accreditato al proprietario dopo ventiquattro ore dall'arrivo dei viaggiatori presso la struttura, per garantire maggiore sicurezza.

Quindi, TripAdvisor può essere un canale alternativo che, si può anche scegliere di provare e visto che può contare su un elevato traffico di utenti sullo stesso sito, potrebbe essere un modo per ottenere qualche cliente in più.

Per quanto riguarda i siti italiani, si consiglia CaseVacanza.it.

Questo portale, fondato nel 2010, fa parte della famiglia Feries, il leader italiano della ricettività extra-alberghiera online che gestisce anche Agriturismo.it.

CaseVacanza.it è attualmente il maggiore tra i siti italiani di affitti turistici. L'offerta è piuttosto ampia e comprende oltre centomila alloggi in tutta Italia. Come su Airbnb, si possono trovare diverse tipologie di alloggio: appartamenti, ville, bed&breakfast, chalet, campeggi e anche alloggi stravaganti.

Gli host possono essere dei soggetti privati oppure agenzie del settore. Dal momento che CaseVacanza.it è usato da un gran numero di utenti e che la piattaforma vanta oltre due milioni di visite al mese, potrebbe venirci la voglia di essere presenti anche in questo mercato. In questo caso dobbiamo sapere che il portale offre due diverse modalità di partecipazione:

- Gratuita cioè si ha la possibilità di pubblicare in modo gratuito i nostri annunci, ricevere prenotazioni online e pagare solo quando la prenotazione è confermata attraverso la piattaforma. La commissione per gli host è del tre percento sul totale della prenotazione. Il turista invece paga alla prenotazione una commissione extra del quattordici percento sulle tariffe che avremo indicato. Anche questi valori sono del tutto in linea con quelli proposti da Airbnb e con i valori medi di mercato

- Abbonamento invece prevede una gestione alquanto differente. In questo caso le prenotazioni vengono gestite dall'host in modo autonomo, attraverso email o telefono. Non ci sono costi di intermediazione, ma si paga la pubblicazione degli annunci con formule diverse che possono prevedere un determinato numero di contatti o delle tariffe fisse mensili. Quindi, il turista non pagherà nessun tipo di commissione. Si tratta di una modalità di vendita che si allontana molto da quella di Airbnb. Se intendiamo provare, il consiglio è quello di iniziare con la modalità gratuita che darà modo di valutare la piattaforma e di decidere in modo autonomo se valga la pena o meno di investire su di essa

L'ultima opzione che riguarda l'adozione di una strategia multicanale considerata la più complicata, ma anche quella che può darci maggiori soddisfazioni è quella che consiste nel realizzare un sito tutto nostro.

È vero che pubblicizzando la nostra proprietà in affitto su siti di annunci come Booking.com, Airbnb e HomeAway possiamo raggiungere un pubblico molto vasto e generare tante richieste, senza neanche doverci impegnare più di tanto per quanto riguarda il marketing, ma cosa faremo quando saremo stanchi di pagare commissioni o quando riusciremo ad ottenere ospiti fidelizzati, che vogliono tornare e prenotare direttamente?

Per questi motivi il consiglio è anche di considerare l'opzione del sito tutto nostro, senza nulla togliere alla piattaforma di Airbnb, anche perché il libro è dedicato proprio a questo.

Con un sito web, in qualità di proprietario, possiamo avere il controllo di tutto il sistema e stabilire un legame più diretto con i nostri ospiti. I nostri margini potranno essere maggiori, oppure potremo offrire ai clienti dei prezzi migliori. Con un sito web tutto nostro potremo:

- Aumentare le prenotazioni
- Diventare più autosufficienti
- Assumere il controllo della nostra attività di affitti turistici

La scelta di avere un sito non deve precluderci altre possibilità. In altri termini, se abbiamo un sito dedicato ai nostri alloggi, non significa che dobbiamo rinunciare ad esser presenti su Airbnb o altri canali.

Il sito sarà semplicemente un'arma in più e rappresenterà l'unico punto fermo su cui potremo sempre contare, cioè una sorta di piano B dove potremo sempre ricorrere in caso di necessità.

Il sito sarà, inoltre, il nostro strumento di marketing più efficace e forse anche il primo posto dove i nostri potenziali ospiti potranno avere tutte le informazioni di cui hanno bisogno sulla struttura prima di prenotare.

Il fatto stesso di avere uno spazio sul web, che i potenziali clienti potranno raggiungere digitando un nome su Google, ci darà un certo vantaggio nei confronti della nostra competizione che non ce l'hanno e ci renderà molto più credibile agli occhi dei nostri potenziali ospiti. Un sito web bello ed ottimizzato, dovrebbe avere le funzionalità necessarie per permetterci di ricevere prenotazioni dirette, gestire le nostre prenotazioni ed eventualmente sincronizzare tutti i canali esterni. Alla fine non occorre essere chissà quale programmatore per realizzare un sito web bello ed efficiente. Oggi esistono moltissimi strumenti, anche gratuiti, che consentono di farlo in modo semplice e intuitivo. Dovremo solo assicurarci che funzionino bene ed abbiano tutte le funzionalità di cui ha bisogno un sito web moderno ed efficiente. La scelta del CMS è uno dei passaggi più delicati che dovremo affrontare poiché una volta adottato un sistema sarà difficile cambiarlo in un secondo momento.

L'importante è che il sito che andremo a realizzare abbia: un design adatto anche ai dispositivi mobili, un layout intuitivo e di facile navigazione, un motore di prenotazione integrato per accettare prenotazioni dirette e pagamenti online.

Un'altra soluzione molto valida è quella di provare è Lodgify

Si tratta di un CMS che permette di aggiungere e gestire facilmente il contenuto del nostro sito web, indipendentemente dal numero di proprietà che abbiamo.

Il software include molti template ottimizzati per dispositivi mobili che hanno un motore di prenotazione integrato con il quale gli ospiti potranno prenotare e pagare direttamente sul sito web. Con questo software potremo creare nuove pagine e modificare la navigazione del sito web in qualunque momento. Inoltre Lodgify è SEO-friendly perché segue le migliori pratiche e supporta l'ottimizzazione on-page quindi, avremo accesso al channel manager, con il quale potremo connetterci ai portali online più popolari. Potremo ricevere prenotazioni direttamente dal sito web mantenendo sincronizzato il calendario con i nostri annunci sui portali esterni garantendo che i calendari siano sempre aggiornati e coerenti. Queste soluzioni software non solo rendono la progettazione del sito web molto semplice, ma sono anche adatte per utenti di ogni livello.

Sul mercato ci sono molte opzioni a disposizione, da quelle totalmente gratuite a quelle moderatamente costose sempre a seconda delle nostre capacità, del nostro budget e delle nostre conoscenze tecniche, potremo scegliere il sistema più adatto alle nostre esigenze.

Qualora avessimo deciso di creare un sito web per il nostro B&B, dobbiamo comprendere che il sistema migliore per portare clienti sul sito è cercare di fare in modo che questi arrivino dai motori di ricerca. I visitatori che arrivano sul sito dopo aver avviato una ricerca su Google sono quelli che con maggiore probabilità effettueranno delle prenotazioni perché sono loro stessi ad averci trovato nel tentativo di soddisfare un proprio bisogno. Pertanto, essere presenti nei risultati delle ricerche è di fondamentale importanza. Per fare in modo che il nostro sito compaia nei risultati delle ricerche, dobbiamo ottimizzarne i contenuti conoscendo le regole dei motori. Questa pratica si definisce SEO ed è una delle attività più importanti su cui chi ha intenzione di portare avanti un'attività online dovrà concentrarsi. La conoscenza approfondita di tutte le tecniche SEO richiede grande studio e preparazione, tanto che nel mondo del lavoro esistono dei professionisti specializzati in questo tipo di attività. Se non abbiamo una formazione specifica in questo settore, non possiamo di certo pensare di svolgerla con lo stesso livello di approfondimento che potrebbe offrirci un SEO professionista. Tuttavia, la differenza che passa tra un sito non ottimizzato per i motori di ricerca ed uno ottimizzato è enorme, perciò per cominciare conviene lavorare almeno sulle ottimizzazioni SEO di base. Con un'ottimizzazione di base del nostro sito, avremo sicuramente delle visite dai motori di ricerca e questo sarà traffico gratuito, perché non avremo dovuto spendere nemmeno un centesimo per averlo. Solo dopo aver ottimizzato il sito potremo pensare di mettere in atto delle attività di comunicazione a pagamento.

I motori di ricerca preferiscono i siti stabili e veloci. La velocità dipende dal servizio di hosting che scegliamo, ma anche da altri fattori. Oltre a scegliere il giusto server con le adeguate prestazioni, dovremmo lavorare anche sulla velocità di caricamento delle pagine web, evitando ad esempio di inserire delle immagini troppo pesanti o degli script complessi che vanno a rallentare la navigazione.

La maggior parte del traffico proviene ormai dagli smartphone e tablet perciò facciamo attenzione quando scegliamo il template per il nostro sito. Per essere sicuri di essere notati dai motori di ricerca è fondamentale che il nostro sito sia navigabile in modo chiaro e fluido dai dispositivi mobili. I contenuti del sito devono essere sempre realizzati pensando a come verranno letti dai motori di ricerca. Quando si producono contenuti per il web non è sufficiente scrivere solo dei testi, come si fa quando si scrive una email oppure un paragrafo di un libro. I testi destinati alle pagine di un sito web devono essere concepiti in modo particolare così da diventare visibili e importanti per le intelligenze artificiali dei motori di ricerca. Se vogliamo essere efficaci dobbiamo comprendere come funzionano i motori di ricerca e prima di tutto Google e quindi impegnarci per produrre contenuti che abbiano una certa logica SEO e che abbiano tutti gli elementi chiave di cui i motori di ricerca hanno bisogno: parole chiave, titoli, sottotitoli, tag, immagini, e così via.

In ogni caso non dobbiamo di certo diventare dei professionisti in questo campo, ma la conoscenza delle nozioni di base aiuterà moltissimo a far crescere la popolarità del nostro sito web.

I nostri ospiti, oltre a lasciare recensioni su Airbnb, possono anche lasciare delle recensioni sul nostro stesso sito. Questi contenuti sono molto utili non solo perché rendono l'attività molto più credibile, ma anche perché migliorano il rendimento SEO delle nostre pagine.

Se abbiamo un sito tutto nostro, quindi, è raccomandato avere anche una sezione dedicata alle recensioni, meglio ancora se ben visibile in home page.

Un'altra cosa importante da fare all'inizio per un'ottimizzazione di base è creare una sitemap del sito e comunicarla ai motori di ricerca.

La sitemap è un file in cui formiamo informazioni sulle pagine, sui video e su altri file presenti sul sito, oltre alle correlazioni tra i vari elementi. I motori di ricerca come Google leggono questo file per eseguire una scansione più efficiente del nostro sito.

Una Sitemap fornisce a Google i file che riteniamo essere importanti nel nostro sito e fornisce anche informazioni preziose su questi file.

CAPITOLO 12
Strategie di marketing del b&b

Fin qui abbiamo parlato di questioni relative alla giusta nicchia di mercato ed avere un sito web bello e funzionante, ma tutto ciò non basterà a garantirci il successo.

Sul web esistono, infatti, una marea di siti ed è impossibile riuscire ad emergere e a farsi conoscere dal pubblico senza un adeguato piano di marketing.

La nostra nuova attività ci richiederà un grandissimo impegno su questo fronte. Di certo, all'inizio potremo provare ad usare tutti gli strumenti gratuiti che il web offre.

Non c'è nulla di male in questo, tuttavia gli strumenti gratuiti non sempre sono sufficienti a far crescere l'attività così come vorremmo. Per avere dei risultati ed avere successo dobbiamo quindi mettere in conto anche un adeguato investimento in attività a pagamento. Queste possono avere un impatto molto forte sul nostro business.

Ma quanto dovremmo spendere per farsi conoscere sul web?

Secondo una teoria abbastanza diffusa l'importo da spendere in attività di comunicazione e marketing dovrebbe essere compreso tra il cinque percento ed il dodici percento del fatturato. In realtà i casi possono essere molto diversi tra loro e queste percentuali potrebbero lasciare il tempo che trovano. Se, ad esempio, la nostra nicchia di mercato è molto competitiva oppure la marginalità dei nostri prodotti è molto alta, potremmo decidere di spendere anche di più . Non c'è quindi una risposta valida in assoluto alla domanda, perché questa dipende da troppi fattori diversi come la nicchia di mercato in cui operiamo, il tipo di clienti ai quali ci rivolgiamo e anche e soprattutto i nostri stessi obiettivi.

Certamente possiamo dire in cosa potremmo investire e come farlo. I settori dove possiamo intervenire si possono suddividere in attività da poter svolgere off—line e on-line.

Queste riguardano:

- Attività e strumenti di marketing offline ovvero passaparola, biglietti da visita, depliant promozionali, segnaletica, annunci stampa

- Attività e strumenti di marketing online ovvero facebook marketing influencer, marketing email, marketing google ads

Il miglior modo per farsi conoscere nel contesto locale è fare in modo che si parli bene di noi. La propaganda è quello strumento di comunicazione che coincide, nel gergo comune, con il passaparola. Se vogliamo avere successo nel mondo degli affari dobbiamo padroneggiare al meglio questo strumento. Quando ci troviamo agli inizi della nostra attività dobbiamo cercare in tutti i modi di farci conoscere non soltanto sul web, ma anche nel più ristretto ambito locale. Dobbiamo, quindi, sfruttare ogni arma che abbiamo a disposizione e fare leva su tutte le nostre capacità innate di comunicatore.

Tutti noi abbiamo delle cerchie di amici e di conoscenti nell'ambito delle quali possiamo operare. Tanto per cominciare possiamo mettere al corrente tutti i nostri familiari della nostra nuova attività. Non è detto che tutti i clienti debbano per forza passare dal motore di ricerca di Airbnb per trovarci. Alcuni potrebbero sceglierci perché sono stati consigliati da persone a loro vicine. Molto spesso sono proprio le persone che ci conoscono, quelli che sanno cosa facciamo a portarci degli ospiti. Anche la distribuzione di biglietti da visita o altri materiali informativi può essere molto utile. Ricordiamoci sempre che se vogliamo avere successo dobbiamo mettere la timidezza da parte per cui non bisogna avere timore di raccontare agli altri ciò che abbiamo iniziato a fare.

Un'altra cosa che viene consigliata è di cercare di mettersi in contatto anche con altri host che operano nel nostro ambito territoriale. Non dobbiamo vedere infatti questi concorrenti come dei nemici, cerchiamo invece di fare rete e di trovare un modo per cooperare con loro. Ad esempio potremmo essere disponibili a mandare da loro dei nostri clienti se noi siamo al completo e al contrario verrà fatto lo stesso.

Non dimentichiamo infine che il primo fondamentale messaggio deve partire dalla nostra stessa casa. Per attivare un passaparola positivo dobbiamo fornire un servizio impeccabile. Il nostro alloggio deve essere curato nei minimi dettagli, deve trasmettere un'idea di calore e ospitalità, deve essere ordinato e soprattutto pulito.

A lungo andare, quest'attenzione ai dettagli ci premierà portando dei clienti fidelizzati. Al contrario, una scarsa cura del nostro alloggio potrebbe produrre un passaparola negativo che, specialmente sul web dove i feedback sono pubblici, porterebbe risultati molto negativi.

Nel momento in cui dei potenziali clienti si presenteranno alla nostra porta e non potremo ospitarli perché al completo, avremo il bisogno di lasciar loro qualcosa che possa un domani riportarli da noi. I biglietti da visita servono proprio a questo scopo, e sono anche per moltissime altre ragioni degli strumenti fondamentali per la nostra attività. Un biglietto da visita ben fatto, dal design professionale e avente le giuste informazioni serve a fare in modo che il nostro bed & breakfast si differenzi da tutti gli altri presenti nella nostra zona. Il biglietto da visita è inoltre un mezzo importante che aiuterà a collegarci con le persone che fanno parte della nostra stessa comunità, a lavorare con venditori, a relazionarci con le società partner, con le associazioni di categoria e con tutti gli altri soggetti che incontreremo nel nostro quotidiano. Il consiglio è quello di avere l'abitudine di portare sempre con sé n buon numero di biglietti da visita e di lasciarne altri in punti strategici del nostro alloggio. Non dimentichiamo di incoraggiare i nostri ospiti a prenderli e a distribuirli tra i loro amici.

Per quanto riguarda il contenuto dei biglietti da visita, oltre alle informazioni essenziali come il nome del B&B e l'indirizzo, e ai dettagli di contatto (telefono, e-mail, ecc.), possiamo fornire ulteriori dettagli ai nostri ospiti: una buona idea potrebbe essere quella di inserire delle indicazioni stradali per raggiungere la nostra posizione riportando sul biglietto una mappa del quartiere con la posizione della alloggio in evidenza.

Un altro suggerimento è quello di inserire nel biglietto un codice QR. Questi codici, sono simili a un codice a barre bidimensionale e analizzabili da qualsiasi smartphone.

Le persone che riceveranno il biglietto potranno far scorrere rapidamente lo smartphone sul codice e salvare automaticamente i dettagli di contatto sui loro telefoni, essere indirizzati sul sito web del B&B, visualizzare la posizione del B&B su Google Maps.

Per quanto riguarda gli stili grafici, dobbiamo dire che le possibilità sono infinite. Il risultato finale dipenderà in gran parte anche dai nostri gusti personali. L'unico consiglio in tale senso è di tenere sempre presente il target di persone a cui vogliamo rivolgerci e di non discostarci troppo dallo stile che abbiamo deciso di adottare per il nostro stesso alloggio.

Se, ad esempio, abbiamo deciso di arredare il nostro spazio in stile vintage, allora anche il biglietto dovrebbe adottare lo stesso tema.

In ambito di comunicazione è importante avere un'immagine coordinata: tutti i mezzi usati devono essere in sintonia tra di loro, adottare gli stessi stili, gli stessi colori, gli stessi toni e trasmettere al destinatario messaggi simili

Volantini e depliant promozionali sono, da sempre, tra gli strumenti di street marketing più efficaci e più usati da attività commerciali di ogni ordine e grado.

Oltre ai biglietti da visita,quindi, investiamo un po' del tempo e del denaro per realizzare anche questi supporti informativi che permetteranno di presentare il bed and breakfast in modo ancora più dettagliato ai nostri potenziali clienti. I contenuti possono essere molteplici, ma visto che lo scopo è quello di presentare un alloggio, diamo importanza alle fotografie degli spazi interni, sfruttando eventualmente quelle che abbiamo già realizzato per Airbnb.

Se il nostro alloggio si trova in un quartiere a forte vocazione turistica potremmo pensare di puntare su tutto quello che si trova nell'ambiente circostante.

Ad esempio: un depliant promozionale di un B&B ubicato nel pieno centro di Firenze potrebbe riportare in copertina una fotografia del Ponte Vecchio o una vista della Cattedrale. Anche per i contenuti testuali potremmo sfruttare il lavoro già svolto in fase di inserimento dell' annuncio su Airbnb e riportare ciò che abbiamo già scritto per descrivere il nostro alloggio sulla piattaforma.

Lo stile grafico di volantini e depliant deve essere in linea con quello che abbiamo scelto per i biglietti da visita e per il nostro alloggio. Per quanto riguarda la distribuzione dobbiamo cercare di portare i nostri depliant nei luoghi che i nostri potenziali clienti possono frequentare, quindi, bar, attività commerciali, stazioni ferroviarie, edicole. Anche in questo caso molto dipende dal target che abbiamo scelto.

Per finire è buona regola lasciare sempre questi materiali all'interno dell'alloggio, insieme ai biglietti da visita, invitando gli ospiti a prenderne qualcuno prima di andare via.

Quante volte ci sarà capitato di non essere riusciti a raggiungere facilmente una struttura nella località scelta per la vacanza?

Situazioni di questo genere, causati specialmente dalla mancanza di una buona segnaletica, può provocare malumori e guastare il primo incontro con i nostri ospiti.

Il codice della strada Italiano (all'art. 39) prevede la possibilità per le strutture turistiche di installare della segnaletica verticale. Questi cartelli, non devono interferire con la segnaletica stradale di pericolo, ma devono essere installati solo sulle strade che realmente conducono alla struttura turistica e non oltre dieci chilometri dalla stessa.

Oltre alle prescrizioni del codice della strada, prima di installare qualunque cartello, verifichiamo se esistono dei regolamenti regionali che disciplinano la materia e verifichiamo cosa dicono. Una volta chiariti gli aspetti legali, se non ci sono ostacoli, possiamo occuparci realizzare il segnale.

In questo caso potrebbero insorgere dei vincoli che impediscono di adottare lo stile scelto per gli altri mezzi di comunicazione.

Ad esempio, i cartelli delle mete turistiche hanno sempre per legge una colorazione marrone. Per la realizzazione il consiglio da seguire è di scegliere la migliore qualità possibile. I segnali stradali sono infatti continuamente esposti ad un tempo molto variabile e possono rovinarsi facilmente.

Un cartello costruito con materiali scadenti, che si ingiallisce al sole o che si piega alla prima folata di vento darebbe una pessima immagine del bed and breakfast.

Ricordiamo, infine, che i cartelli stradali devono essere rivestiti con una speciale pellicola catarifrangente che permette di essere visibile anche nelle ore notturne quando illuminato dai fari delle macchine.

Un ultimo consiglio è di mettere ben in risalto il numero civico del bed and breakfast. I nostri futuri ospiti potranno infatti arrivare anche nelle ore notturne e per chi si trova al buio, in un luogo che non conosce, individuare un numero civico scolorito oppure nascosto o molto piccolo potrebbe essere fonte di disagio. Proviamo a soffermarci su questo aspetto e, in caso di problemi, prendiamo provvedimenti rendendo più visibile l'indirizzo dell' abitazione.

Tra le tante attività di comunicazione che possiamo adottare per far conoscere al pubblico il B&B ci sono poi gli annunci sulla carta stampata. Esistono molti modi per pubblicare una pagina pubblicitaria su giornali e riviste e il modo in cui verrà fatta dipenderà dai nostri obiettivi e da quanto budget avremo a disposizione. Anche in questo caso dobbiamo conoscere bene le persone a cui rivolgerci per selezionare lo strumento giusto. Per quanto riguarda il layout e i contenuti, fino a quando scegliamo di indirizzare i nostri messaggi su mezzi a bassa tiratura possiamo fare anche da soli.

Qualora dovessimo decidere di pubblicare una pagina pubblicitaria su una rivista o un quotidiano a tiratura medio-alta, il consiglio è quello di farsi aiutare da un grafico e da un esperto di copywriting.

Un ulteriore raccomandazione che ci sentiamo di dover fare è quella di essere presenti su Facebook. Una delle prime cose che spesso viene notata da chi ha appena deciso di intraprendere questa strada è che Facebook non offre alle aziende una sola opzione, ma le soluzioni possibili sono diverse.

Oltre ai profili, che sono per uso esclusivamente personale, Facebook offre infatti la possibilità di creare Pagine e Gruppi.

A volte le persone non capiscono perché sia molto meglio fare comunicazione su Facebook attraverso una pagina, piuttosto che attraverso il proprio profilo personale. Le motivazioni sono molte e diverse. Le pagine Facebook sono nate quando ci si è accorti che in molti usavano il proprio profilo personale per comunicare a nome di un marchio o di un'azienda. Mark Zuckerberg ha così deciso di offrire a marchi e aziende la possibilità di avere uno spazio proprio su Facebook.

La pagina Facebook può essere intesa come una sorta di profilo dell'azienda o del marchio e offre, rispetto al profilo personale, delle possibilità in più, tra cui quella di creare offerte ed eventi e di avere accesso alle statistiche.

La pagina è quello strumento che serve al nostro Bed and breakfast per poter fare pubblicità su Facebook. Quindi, se vogliamo pubblicare degli annunci a pagamento su Facebook, dobbiamo farlo tramite una pagina e questo è fondamentale.

Oltre a questo, le pagine hanno anche altri vantaggi rispetto ai profili personali. Ad esempio, possono essere gestite da più utenti che possono parlare in nome e per conto del bed and breakfast.

A questi possono essere dati ruoli diversi: amministratore, editor, moderatore, inserzionista e analista. Basta quindi assegnare a un collaboratore esterno il ruolo di "editor" e questo potrà pubblicare dei post oppure rispondere ai commenti, senza comparire con il proprio nome, ma comparendo con il nome della pagina.

Diciamo che questo può essere molto utile, sia per chi deve fare questo lavoro e non si vuole esporre in prima persona, sia per l'immagine della pagina che apparirà molto più professionale. Da non sottovalutare inoltre l'aspetto SEO. Infatti, per prima cosa Facebook offre ai proprietari della pagina la possibilità di personalizzare l'indirizzo web che potrà assumere una forma del tipo: www.Facebook.com/NomePagina.

Con questo tipo di indirizzo sarà più facile far sapere al mondo dell'esistenza della pagina, anche attraverso altri strumenti di marketing. Le pagine, inoltre, hanno il vantaggio di comparire spesso in cima ai risultati delle ricerche fatte su Google, come se il principale motore di ricerca riconoscesse un'importanza maggiore delle pagine rispetto ad altri contenuti del web e le facesse comparire anche prima di altri risultati.

È importante che anche il nostro B&B abbia una sua pagina su Facebook.

La procedura per l'apertura di una nuova pagina è piuttosto semplice e si completa in pochissimi passaggi. Cosa ancora più importante è che anche Facebook permette di fare pubblicità in modo assolutamente mirato e poco costoso. Facebook definisce con molta precisione il pubblico al quale mostrare i nostri annunci.

Prima di tutto, possiamo operare su una segmentazione geografica e quindi decidere ad esempio di mostrare l'annuncio solo agli utenti italiani, oppure solo a quelli che usano la lingua italiana; possiamo aggiungere dei criteri socio-demografici come la fascia di età, il genere, il livello di formazione, o addirittura segmentare il nostro pubblico per interessi.

L'email marketing è uno dei principali strumenti a disposizione dell'azienda per attirare l'attenzione del pubblico oppure per fidelizzare i clienti.

Quindi, si tratta nell'inviare email ai clienti e a quelli potenziali, uno strumento di marketing diretto con il quale si possono curare le relazioni tra brand e audience oppure inviare informazioni e aggiornamenti di natura promozionale.

Questo strumento presenta notevoli vantaggi:

- È facile da usare e da capire perché tutti quanti oggi sanno come aprire e leggere un'email e le aziende con i giusti strumenti possono realizzare anche molte campagne pubblicitarie alla settimana

- Genera un ROI elevato poiché il costo legato all'invio di un'email di solito è molto basso e se consideriamo che ogni email possa generare una vendita del servizio si capisce che il ritorno sull'investimento è elevato

- Genera risutati misurabili perché l'utente che riceve l'email può essere invitato a compiere direttamente l'azione che si vuole come la lettura di un articolo, l'acquisto di un pernottamento, il download di materiale gratuito o semplicemente l'accesso al sito. Tutto questo si può facilmente misurare e ciò dal punto di vista marketing è molto vantaggioso

- Mira ad un target specifico di clienti cioè i clienti dell'azienda possono essere suddivisi in varie categorie e si può concepire un messaggio diverso usando un approccio personalizzato per ognuno

- È integrabile con gli altri strumenti di marketing cioè ogni canale usato dall'azienda per comunicare al proprio pubblico può essere impiegato in una strategia di email marketing

Per tutti questi motivi si consiglia sempre di raccogliere gli indirizzi email dei nostri ospiti perché così in futuro potremo mandare delle comunicazioni mirate e avere delle risposte dirette, anche al di fuori del canale ufficiale Airbnb.

Inizialmente, per fare questo lavoro, potremo usare un qualsiasi client di posta elettronica. Quando gli indirizzi da gestire diventeranno più numerosi, potremo optare per soluzioni più complete e professionali.

Oggi, grazie ai social network, è molto semplice per una persona comune diventare un influencer. Sappiamo bene che laddove c'è una persona capace di condizionare le opinioni di altri, c'è anche un'opportunità di vendita.

Il grande vantaggio è che le persone influenti sono moltissime e ben disposti ad accettare accordi di tipo commerciale con le aziende. Molti anzi provano a diventare influencer con il preciso obiettivo di diventare promotori di prodotti e servizi offerti dalle aziende traendone profitto.

Ci sono, quindi, tante persone con le quali possiamo accordarci e generalmente sono tutte preparate a mettersi in contatto con le aziende.

Tutti i grandi operatori dell'ospitalità e del turismo hanno imparato a sfruttare il potere comunicativo e le capacità persuasive degli influencer. Quelli più importanti sono dei personaggi capaci di costruire intorno a loro dei veri e propri imperi economici e le aziende sono consapevoli di quanto può valere una presentazione di una location turistica o di un albergo fatta da loro. Per questo motivo i grandi operatori del turismo pagano profumatamente i top influencer.

In alcuni casi si tratta di veri e propri fenomeni che possono arrivare a chiedere anche migliaia di euro per un post, un video o una foto.

Nello stesso tempo si sta diffondendo sempre di più la tendenza da parte dei gestori di piccoli B&B a rivolgersi ai cosidetti micro-influencer. Queste sono persone più o meno comuni che non hanno raggiunto ancora il livello dei vip, ma che sono comunque in grado di condizionare le opinioni di una community di persone a loro care.

In alcuni casi, il fatto che la community di seguaci non sia troppo ampia permette a questo tipo di influencer di mantenere un livello di coinvolgimento particolarmente elevato e quindi sono a volte la migliore scelta per un'impresa che voglia stupire con un'immagine positiva del proprio brand.

Per un piccolo B&B i micro-influencer possono essere la soluzione ideale, perché possono consentirci con piccoli investimenti di ottenere grandi soddisfazioni.

Quindi, iniziamo a cercare queste persone. Quando li avremo trovati, offriamo loro uno più pernottamenti gratuiti nel nostro B&B e richiediamo in cambio la produzione di un post su Facebook o su Instagram.

Questo tipo di comunicazione sarà efficacissima e non costerà nulla.

Nel caso in cui avessimo deciso di avere un nostro sito web, dovremmo anche sapere che gran parte del successo del nostro sito web dipenderà da quanto saremo bravi a farlo comparire nei risultati di ricerca di Google.

Oltre all' attività SEO, un altro modo è quello di usare Google Ads, la piattaforma di pubblicità online di Google che permette di far comparire degli annunci nei risultati di ricerca.

Occorre prima di tutto chiarire come Google distingua tra annunci e risultati di ricerca organici. La posizione dell'annuncio dipende da quanto sia importante e utile in base all'oggetto della ricerca, alla nostra offerta e ad alcuni altri fattori. L'altra sezione della pagina mostra i risultati di ricerca cosidetti organici.

Si tratta di link non a pagamento a siti web con contenuti direttamente legati alla ricerca dell'utente.

In questa sezione potrebbe comparire il nostro sito web correlato, ma non il nostro annuncio.

Il nostro annuncio può essere pubblicato quando un utente cerca termini legati al nostro prodotto o servizio oppure quando si trova su un sito web con contenuti legati alla nostra attività.

Gli annunci si basano sulle parole chiave che scegliamo quando impostiamo la campagna Google Ads. Si tratta di termini che possano essere usati dai potenziali clienti per la ricerca di prodotti o servizi come i nostri.

Abbinando le parole chiave agli annunci che creiamo, permettiamo al nostro annuncio di essere pubblicato quando un utente cerca termini simili o visita un sito web con contenuti correlati.

Quando un utente farà una ricerca su Google usando questa chiave di ricerca oppure termini simili, il nostro annuncio pubblicitario comparirà accanto ai risultati di ricerca prodotti dal motore. Sicuramente esisteranno tante altre persone che cercheranno di investire sullo stesso termine di ricerca e che vorranno far apparire un proprio annuncio ogni volta che un utente effettua una ricerca.

Ogni volta che un utente fa una ricerca su Google o visita un sito che mostra annunci, si svolge un'asta dell'annuncio e Google Ads calcola un punteggio, chiamato ranking dell'annuncio, per ogni annuncio che partecipa all'asta. Il ranking dell'annuncio determina la posizione dell'annuncio nella pagina.

L'annuncio con il ranking migliore viene inserito nella prima posizione, quello con il secondo ranking nella seconda e così via.

Il ranking dell'annuncio è determinato da vari fattori, tra cui la qualità degli annunci e della pagina di destinazione, la presenza o assenza di informazioni aggiuntive, il contesto generale di ricerca, l' offerta.

Inserire un annuncio su Google Ads è relativamente semplice e potrebbe richiedere non più di una decina di minuti.

Questo significa che non occorre essere un esperto di marketing digitale per avere una campagna Google Ads funzionante.

Certamente Google Ads è un mezzo promozionale efficace ed economico, anche se non si tratta di uno strumento proprio così semplice da usare. Le possibilità offerte dalla piattaforma di Google sono moltissime ed un uso consapevole dello strumento richiede molto studio, sperimentazione ed esperienza. E poi oltre a saper avviare una campagna bisogna anche essere in grado di leggere ed interpretare i dati.

Inoltre dobbiamo considerare che la riuscita di una campagna pubblicitaria non dipende solo da quanto spendiamo, ma anche e soprattutto dal tempo che ci potremo dedicare alla supervisione dell'andamento della stessa.

È fondamentale investire tempo per controllare regolarmente il nostro account Google Ads ed effettuare eventuali modifiche finché non saremo soddisfatti del ritorno sull'investimento. Secondo Google, dovremmo dedicare almeno mezz'ora al giorno per controllare il rendimento delle parole chiave e degli annunci ed effettuare gli eventuali aggiustamenti necessari per aumentare il rendimento.

CAPITOLO 13
La performance del b&b

In ogni azienda che si rispetti, quando il lavoro prosegue e va avanti, bisogna disporre degli strumenti giusti per poterlo valutare, ecco perché dobbiamo essere in grado di poter misurare quelle che sono le performance aziendali.

Il monitoraggio delle prestazioni del B&B è importante e anche se questo avviene dopo l'avvio dell'attività, è necessario definire i parametri per misurare lo sviluppo già mentre si crea il piano di sviluppo della nostra attività. Dobbiamo essere realistici con i nostri indicatori chiave delle prestazioni.

Tali indicatori devono analizzare tutte le aree dell' attività ed essere revisionati su base regolare perché questo permetterà di evidenziare eventuali successi ed insuccessi e di risolvere più facilmente eventuali problemi. Mentre ci concentriamo su questa parte della pianificazione, dovremmo anche prendere in considerazione fattori come le prenotazioni totali a settimana e al mese, se rispecchiano il piano iniziale, e se quando avremo superato i dodici mesi, iniziamo a notare una crescita, il tasso percentuale di occupazione cioè assicuriamoci che sia in linea con le nostre proiezioni in modo che le finanze rimangano sotto controllo, il prezzo medio della camera cioè dovremmo riuscire a individuare una tariffa adeguata per notte, soddisfazione del cliente.

Trovare il tempo libero può essere difficile quando gestiamo un B&B, ma è importante mantenere alto il livello dei nostri ICP per far crescere un business di successo.

Si potrebbe semplicemente voler iniziare senza tener conto di questi suggerimenti, e pensare che offrire un buon servizio ad un buon prezzo con il passa parola, tutto funzionerà.

Ma in realtà c'è da valutare molto di più se non vogliamo fallire.

Il tasso di occupazione degli appartamenti è uno dei fattori importanti che dobbiamo considerare per la valutazione della nostra performance su Airbnb anche se il tasso di occupazione non è tutto, anzi un errore comune a molti host è lavorare esclusivamente per mantenere un tasso di occupazione elevato. Sicuramente, il solo fatto di avere tutte le notti prenotate con largo anticipo ci farà sentire appagati e gratificati.

Ma, anche in questo caso, dobbiamo sforzarci di pensare in modo analitico e adottare una logica imprenditoriale. In realtà, infatti, il fatto di aver avuto un elevato numero di prenotazioni molto tempo prima del soggiorno potrebbe voler dire che stiamo applicando un prezzo troppo basso.

Il discorso è che, se abbiamo già un elevato tasso di occupazione, non possiamo sapere esattamente fino a che punto poter incrementare anche il prezzo senza perdere clienti perché esiste una relazione inversa tra il prezzo e il tasso di occupazione del nostro alloggio e che, quasi certamente, non raggiungeremo il massimo profitto quando il nostro alloggio sarà del tutto occupato.

Se i prezzi diminuissero si avrà un incremento del tasso di occupazione. Il profitto, al contrario, crescerà fino ad un certo punto insieme alla crescita del tasso di occupazione, ma dopo tornerà a decrescere.

Il problema della maggior parte degli host è che credono di riuscire ad ottenere il massimo dal proprio alloggio solo quando sono vicini ad un tasso di occupazione del cento percento. Questa cosa li porta a definire i prezzi in modo tale da avere le percentuali di occupazione più alte. Ma spesso si collocano in un'area di perdita di profitto, perché non è necessariamente vero che per tassi di occupazione più alti ci siano profitti migliori.

Dobbiamo, quindi, cercare di evitare di raggiungere un tasso di occupazione del cento percento con troppo anticipo, perché non è detto che questo sia il giusto metodo per guadagnare bene. Purtroppo, ogni mercato è differente ed ogni alloggio è diverso, così non esiste una formula unica valida per tutti. L'unico modo per capire qual sia il tasso di occupazione che massimizza il profitto è fare degli tentativi. Proviamo, ad esempio, ad alzare lievemente il prezzo del nostro alloggio ogni mese per vedere come reagisce il mercato.

Se non dovesse succedere nulla significa che stiamo applicando un prezzo troppo basso.

Se,invece, dovessimo vedere che il nostro tasso di occupazione reagisce scendendo rapidamente, allora, dovremmo considerare di ridurre il prezzo.

Per quelle date del calendario più lontane potremmo provare a rischiare qualcosa di più, applicando dei prezzi ancora più alti anche perché questo è ciò che fanno tutti gli altri operatori professionali del turismo.

Man mano che la data si avvicina, se il nostro alloggio continua a rimanere sfitto, possiamo abbassare il prezzo, fino ad arrivare al punto di fare delle vere e proprie offerte last minute. Detto ciò non è semplice individuare il tasso di occupazione ideale, ma è un lavoro che dobbiamo svolgere, se non vogliamo correre il rischio di perdere una parte importante dei nostri profitti.

CAPITOLO 14
Espandere l'attività

A questo punto, se il modello di business ha funzionato, se i primi clienti sono soddisfatti e i numeri lo confermano, potremo decidere se e come espanderci.

Penso che ormai abbiamo compreso che quasi tutti i modelli forniti fino a questo punto sono in qualche modo correlati e collegati.

È, infatti, impensabile avviare un progetto Asset building senza aver prima maturato forti competenze nel settore ricettivo, e può essere troppo rischioso acquistare un immobile con la leva del credito se non si ha la certezza di generare affitti e prenotazioni sufficienti a ripagare il mutuo.

Per chi inizia da zero, fare esperienza con il management è strategico perché si ottengono dati e informazioni utili a comprendere quali siano i livelli di occupazione, i flussi di cassa e i costi legati alla gestione.

Con un reddito consolidato, il passaggio successivo potrebbe essere quello di trasferire l'attenzione sul vuoto per pieno o iniziare a fare qualche piccola operazione immobiliare usando la leva del credito o il Rent to Buy.

In ogni caso, passare da Co-host o proprietario di una piccola struttura ricettiva, alla gestione di più immobili, comporta non pochi rischi, quindi è sempre opportuno chiedersi se sia arrivato davvero il momento di fare il salto di qualità e iniziare un processo di crescita.

La spinta a fare il grande passo verrà guidata dal fatto che abbiamo raggiunto i nostri obiettivi e magari stiamo già rifiutando clienti e opportunità.

Espanderci significherà investire per crescere, ma soprattutto imparare a delegare.

Il problema della delega prima o poi ce l'hanno tutti gli imprenditori e rappresenta uno dei veri primi ostacoli da dover superare. Del resto, questo è uno il punto chiave del nostro futuro imprenditoriale, questo è il vero salto di qualità che dovremo fare se volessimo espanderci.

Moltissime sono le persone che si sono messe in proprio per ottenere la propria libertà e non doversi assoggettare alle decisioni e volontà di un capo ma che, alla fine, si sono ritrovate imprigionate in uno schema ancor più vincolante. Molte persone si mettono in proprio con lo scopo di darsi un lavoro e quindi per loro, accettare che un imprenditore debba lavorare per dare lavoro, non è facile.

Fare è importante, saper fare è ancora più importante, ma per crescere occorre far sapere. Questo il ciclo della crescita e lo scopo della delega è proprio far fare agli altri le cose che noi sappiamo già fare molto bene, in modo da poterci occupare di nuovi aspetti e far sì che l'azienda possa crescere ed espandersi.

Ma, cosa delegare e come delegare?

Possiamo cominciare facendo una lista di tutte le funzioni che stiamo svolgendo e verificare quali di queste potremmo delegare.

Uno degli errori che si commettono quando si inizia il processo di delega è che si tende a trasferire ad altri le mansioni che non ci piacciono, ma questo non è un parametro corretto.

Esistono funzioni strategiche che probabilmente non ci piacciono, ma che sono così importanti e delicate che non potremmo mai delegare.

Dunque, le prime funzioni da delegare sono quelle che conosciamo molto bene, quelle per le quali possiamo costruire una procedura che potrebbe essere eseguita anche da una persona con pochissime competenze e di cui possiamo riprendere il controllo in qualsiasi momento.

Molti imprenditori pretendono di delegare aspetti che conoscono in modo sommario e che magari non hanno mai gestito e così il collaboratore non solo si troverà senza una guida, ma sarà costretto ad assumere responsabilità decisionali che non gli competono.

Ciò significa che per ogni aspetto che delegheremo dovremo essere certi di poter fornire procedure ed eseguire controlli. Diversamente, evitiamo di delegare. Per delegare ci vogliono molta pazienza e tolleranza perciò prima di farlo prendiamoci il tempo di scrivere un mansionario che descriva esattamente cosa dovremmo aspettarci dal collaboratore e quale sarà la sua funzione. Scegliamo la persona in base alle competenze, non alla fiducia che la persona ispira.

Questo in genere è il secondo errore.

Il processo di delega si chiude con il controllo della mansione svolta da parte del collaboratore. Molti imprenditori delegano a persone che magari gli sono state presentate da amici o conoscenti e di cui pensano di potersi fidare, ma poi vengono abbandonati senza preoccuparsi di eseguire controlli.

Una delega senza controllo non è una delega. La fase di controllo serve per poter verificare che il collaboratore abbia compreso il proprio ruolo e serve al collaboratore per confermargli che sta svolgendo le proprie mansioni correttamente.

In un progetto volto alla crescita avremo spesso difficoltà a comprendere che il nostro ruolo è cambiato, saremo spesso tentati di indossare nuovamente il vecchio abito e tornare a svolgere le vecchie mansioni.

Ma abbiamo cambiato mestiere, adesso, il nostro è un ruolo di guida e di coaching e non abbiamo più nulla a che fare con il primo identikit di tuttofare.

La qualità della nostra performance la dovremo misurare sul risultato avuto attraverso gli altri.

Se gli altri hanno successo, è merito loro, se sbagliano, è colpa nostra.

Questa è l'arte della delega, questo significa fare gli imprenditori e questa è la base per poter crescere ed espandersi.

CAPITOLO 15

Vantaggi e svantaggi

Airbnb può trarre beneficio sia agli ospiti che ai viaggiatori. Gli ospiti incontrano persone provenienti da tutto il mondo facendo un po 'di soldi extra e spesso i viaggiatori possono soggiornare a meno del costo di una camera d'albergo. Inoltre, molti viaggiatori godono di alloggi che offrono un'esperienza diversa da ciò che offrono gli hotel standard.

Molti utenti trovano il servizio personalizzato, sia dagli host che dal servizio clienti di Airbnb, per una buona esperienza.

Airbnb presenta liste fantastiche, prezzi equi e il loro personale è molto desideroso di aiutare e facilmente raggiungere telefonicamente o via email. Mentre Airbnb ha cercato principalmente di servire turisti in vacanza, ha anche cercato di attirare una quota più grande di viaggiatori d'affari.

Questo è dovuto in parte alle aziende di costo cioè quelle aziende che possono risparmiare denaro su conferenze, riunioni e ritiri.

Ma l'attrattiva di rimanere in casa di qualcun altro va oltre il rapporto di spesa di viaggio. Queste proprietà permettono ai viaggiatori di scambiare l'esperienza di hotel per offrire ai colleghi un ambiente unico e confortevole in cui collegare e collaborare.

Nonostante i vantaggi, esistono non poche preoccupazioni per gli ospiti e gli ospiti.

Probabilmente il rischio più grande per gli host è che la propria proprietà sarà danneggiata. Mentre la maggior parte delle transazioni si verificano senza incidenti, ci sono storie di intere case che sono state sparse da decine di persone che hanno partecipato ai party quando gli host di Airbnb pensavano di affittare ad una famiglia suburbana tranquilla.

Airbnb afferma sul suo sito web che "è improbabile che si verifichino problemi con danni alla proprietà", il loro programma di garanzia dell'ospite "fornisce comunque una adeguata protezione, che come abbiamo detto nel capitolo precedente ammonta fino a un milione di dollari in danni alla proprietà.

Il programma Host Guarantee garantisce la tranquillità agli host di Airbnb, ma è importante leggere i termini e le condizioni per comprendere pienamente ciò che è coperto, ciò che non è coperto, come ad esempio il denaro contante, le opere d'arte rare, i gioielli e gli animali domestici e che un host deve prendere per richiedere il pagamento sotto la garanzia dell'ospite.

Le preoccupazioni più importanti per gli ospiti possono essere che la proprietà non corrisponda alla descrizione o che l'host non risponda alle esigenze degli ospiti.

Si sono verificati diversi casi dove sono stati affittati degli appartamenti in una città attraverso Airbnb e il proprietario reale dell'appartamento si è presentato domandandosi chi ci fosse nel proprio appartamento. Gli ospiti possono contribuire a limitare i rischi usando le funzionalità di Airbnb, tra cui gli ID verificati, i profili, le recensioni, la messaggistica, la piattaforma di pagamento sicura e la garanzia dell'ospite.

Siamo indecisi se prenotare un soggiorno in hotel o un appartamento con Airbnb?

Entrambi hanno i loro pro e contro, ma qual è alla fine la soluzione migliore per il portafoglio? Vediamo alcune dritte per prendere una decisione più consona.

Ogni viaggiatore ha le proprie esigenze: per molti ciò che può portare ad una scelta della sistemazione è il prezzo, per altri i servizi inclusi. Quindi individuiamo ciò che è importante per noi prima di prendere una decisione.

Le priorità principali da valutare sono:

- Prezzo, in caso di soggiorni brevi non sarà molta la differenza di prezzo tra un appartamento prenotato su Airbnb o un hotel, ma per soggiorni di tre o più notti, Airbnb è quasi sempre la soluzione più economica. Questo perché l'hotel ha costi maggiori, deve pagare il personale, l'assicurazione ed altre tasse mentre il proprietario di un appartamento deve provvedere solo al costo delle pulizie a fine soggiorno ed alla percentuale del tre percento dovuta al sito. Ecco un esempio di prezzo: un soggiorno di tre notti in un appartamento a Piazza di Spagna a Roma ad ottobre viene circa trecento euro per due persone, mentre una camera in un hotel nelle immediate vicinanze nelle stesse date ci costerebbe il doppio

- Affidabilità, se soggiorniamo in albergo, avremo maggiori probabilità di trovarci in una zona sicura e ben servita dai trasporti, mentre gli appartamenti possono essere dislocati ovunque. Inoltre i casi di annullamento della prenotazione da parte degli hotel sono molto rari e, se dovesse capitare, saremmo comunque sistemati in un hotel nelle vicinanze senza spendere un euro in più. Diversamente, le cancellazioni su Airbnb sono più comuni perché ci basterà fare una semplice ricerca online per leggere le recensioni di diversi utenti arrabbiati perché si sono visti annullare la propria prenotazione. Il problema è che in casi come questi, avremo indietro il denaro da Airbnb, ma non avremo una soluzione alternativa perciò toccherà a noi ricercare un nuovo appartamento, che spesso all'ultimo minuto costa anche molto di più

- Spazio cioè normalmente avremo più spazio a disposizione se soggiorniamo in un appartamento, soprattutto se prenotiamo una casa intera tutta per noi anziché una singola stanza. Passare il tempo nel soggiorno di un appartamento piuttosto che nel lounge bar di un hotel è sicuramente più rilassante, così come tuffarsi nella nostra piscina privata piuttosto che in una piena di gente

- Regolarità perché nella maggior parte dei casi, gli appartamenti in affitto disponibili su siti come Airbnb sono soggetti a pochi regolamenti e controlli. Così potremmo scoprire una volta arrivati sul posto che, a dispetto di quanto riportato nella scheda di presentazione dell'appartamento, l'acqua non è potabile o il riscaldamento non funziona. Per risolvere il problema potremmo prenotare un appartamento di categoria Plus, cioè certificato direttamente dalla compagnia, ma ce ne sono molto pochi rispetto alla scelta disponibile. Se vogliamo andare sul sicuro, sarebbe meglio prenotare un hotel o un B&B, che sono soggetti a regolamenti e controlli più rigidi

- Esperienza di vita locale cioè Airbnb è spesso usato come modo per viversi un'esperienza di vita locale. Anche se grazie alla crescente diffusione del self check-in, diminuisce la possibilità di incontrare qualcuno al momento dell'arrivo, a meno che non venga scelga come sistemazione una singola stanza di una casa. Questo significa che potremmo avere maggiori probabilità di interagire con persone del posto se soggiorniamo in un hotel. Soggiornando in un appartamento invece dovremo arrangiarci e cucinare avendo la possibilità di fare la spesa nei negozi o al mercato proprio come fa la gente del posto

Che noi scegliamo un hotel o un appartamento, se vogliamo vivere realmente come uno del posto, molte destinazioni, soprattutto le grandi città, hanno a disposizione dei volontari che si prestano come guide turistiche gratuite per mostrarci la vera vita locale, basterà digitare su google la frase guide turistiche volontarie susseguita dalla destinazione che vogliamo visitare e ne troveremo di varie.

Ricordiamoci, infine, di viaggiare sicuri in qualsiasi Paese del mondo acquistando una polizza viaggio che preveda una copertura per Spese Mediche con massimali milionari e rimpatrio con massimale illimitato.

Come anticipato nel capitolo precedente riguardo le differenze tra le diverse piattaforme che operano nel settore turistico è importante quella che sussiste tra Airbnb e booking che può fare davvero la differenza o meno, arrecando vantaggi e svantaggi del caso.

Prima di tutto, Booking.com è leader nel portale delle prenotazioni alberghiere che soltanto da poco si è affiancato al mondo degli appartamenti, quindi, il cliente o il turista avrà la possibilità di cercare oltre ad un albergo anche degli appartamenti.

Diversamente Airbnb è un portale che mette in contatto persone che cercano un alloggio con persone che dispongono di uno spazio da affittare per brevi periodi.

Detto ciò, se siamo Host che abbiamo delle strutture, case vacanze o bed and breakfast e le vogliamo pubblicizzare sugli infiniti portali che si trovano sul web, tra cui principalmente Booking.com o Airbnb, e siamo indeciso quale sia migliore tra questi, beh, è una domanda che molti host si pongono.

La differenza tra questi due colossi per gli annunci delle nostre strutture in questi motori di ricerca alla fine è poco rilevante.

Booking.com ha una penetrazione e diffusione maggiore rispetto ad Airbnb, ma come abbiamo detto prima booking.com è un portale che è nato principalmente per il settore alberghiero.

Airbnb però ha molti punti a suo favore. In primo luogo, la commissione per l'host è molto più bassa rispetto a Booking.com.

Inoltre, con Airbnb abbiamo la possibilità di avere maggiori garanzie e la possibilità di interagire in qualsiasi momento con l'ospite prima di concludere definitivamente una prenotazione.

Le recensioni di Airbnb sono incrociate, i feedback vengono lasciati sia all'ospite che al proprietario di casa.

Per quanto riguarda la cauzione booking.com usa sistemi di pagamento come i bonifici o carta di credito o di debito, praticamente usa i tradizionali sistemi di pagamento, mentre airbnb si prende l'intera somma al momento della prenotazione, attraverso il sito stesso, e non attraverso accordi con il proprietario. Anche Airbnb usa i tradizionali sistemi di pagamento come carta di credito o Paypal.

Da un punto di vista di maggiore visibilità e accessibilità sul mercato sicuramente potremmo dire di scegliere booking, ma da un punto di vista di condizioni verso l'host è migliore Airbnb.

Ovviamente chi ha delle strutture da metterle in affitto sarà possibile inserirle su entrambi i portali, ma bisogna ricordarsi di collegare i calendari in modo di evitare gli over-booking, cioè le doppie prenotazioni per lo stesso annuncio, cosicché se qualcuno prenota su booking il calendario di Airbnb per quelle specifiche date viene bloccato in modo automatico.

CAPITOLO 16
Airbnb nel mondo

Vediamo le principali caratteristiche della piattaforma in diversi paesi europei, quelli più importanti.

In Danimarca a Copenaghen sono favorevoli agli affitti turistici. È stato dichiarato che senza Airbnb il venticinque percento dei turisti non si sarebbe recato in Danimarca. Il Comune di Copenaghen non vede Airbnb come un problema, il mercato immobiliare di Copenaghen e il settore del turismo non hanno avuto nessun impatto negativo a causa di Airbnb.

Airbnb in Danimarca è sicuramente in concorrenza con le forme tradizionali del turismo, ma ha un valore sperimentale, poiché incoraggia molti turisti a viaggiare in modo diverso, attraverso il contatto con la gente del posto, sentendosi così parte di una comunità e potendo scoprire meglio il fascino dei quartieri residenziali tradizionali.

Per quanto riguarda il fisco, il governo danese, il 9 ottobre 2017 ha presentato in Parlamento l'iniziativa per la nuova tassa Airbnb.

Il ministro delle Finanze ha dichiarato che al momento non è possibile applicare un'imposta che obblighi le aziende digitali, come Airbnb, a dichiarare i redditi prodotti alle autorità del Paese. Non sono presenti strumenti legali a sufficienza a far sì che questo accada.

Le Istituzioni, anzi, hanno deciso di incentivare la crescita di questo segmento portando da ventiquattromila a trentaseimila corone la cifra minima che i contribuenti dovranno dichiarare per i canoni ricevuti da affitti brevi.

Si tratta di un incentivo fiscale all'interno di un pacchetto di riforme che cerca di incentivare la crescita della sharing economy.

In Ungheria a Budapest, Airbnb va alla grande, ma stanno entrando in gioco importanti modifiche, dai singoli distretti della città.

La normativa relativa agli affitti turistici a breve termine, gestiti per lo più da Airbnb, sta subendo cambiamenti che possono essere definiti radicali dal punto di vista degli investitori. Le amministrazioni locali di Budapest stanno modificando i requisiti e adottano un ordinamento sempre più stringente riguardo all'attività tipo Airbnb.

Il party district, uno dei più gettonati dal punto di vista turistico, soprattutto per i giovani, target ideale di Airbnb, ha approvato l'integrazione in un decreto municipale che prevede che tutti gli edifici residenziali dovranno includere nello stesso regolamento l'eventuale permesso per operare come alloggio turistico. Questo significa che un'abitazione residenziale può essere concessa a breve solo se questo è previsto dal regolamento condominiale.

La legge non sarà applicata nei confronti dei permessi Airbnb che sono stati già concessi, ma, se l'appartamento viene venduto, il nuovo proprietario non potrà continuare l'attività. Questo è l'approccio più stringente preso finora nella città.

Spostandoci dall'Ungheria all'Austria, vediamo che le regole si sono fatte più severe per Airbnb, ma queste riguardano soprattutto la sfera fiscale. Secondo la città di Vienna, i privati che affittano i loro appartamenti attraverso Airbnb spesso non pagano la city-tax e di conseguenza la città è privata di un introito importante che potrebbe essere usato per sostenere il turismo domestico.

Le Istituzioni lamentano che è molto difficile tenere traccia dei pagamenti perché non esistono dati sui proprietari privati e quindi una nuova legge servirebbe a colmare tale vuoto normativo poiché costringerebbe Airbnb a cooperare con la città nella raccolta delle imposte locali. Airbnb dovrebbe quindi impegnarsi a fornire alla città di Vienna gli elenchi con i dati dei padroni di casa che in città affittano abitazioni private, oppure diventare sostituto d'imposta e andare ad incassare direttamente le imposte, per poi riversarle all'agenzia delle entrate.

Non possiamo dire lo stesso in Spagna, ma come sempre non tutti i mali vengono per nuocere. A Barcellona gli appartamenti per vacanze e le agenzie che li propongono sono visti come i peccatori di un morbo che a malapena viene tollerato dai residenti.

Nella città catalana il malcontento ha dato origini a diverse proteste e cortei e in altre città si stanno introducendo leggi per regolamentare il numero di appartamenti da mettere a disposizione per gli affitti-vacanza.

I protestatari continuano ad affermare che questo non è turismo, è un'invasione perché le case-vacanza costringono a traslocare.

Mentre la capitale spagnola è alle prese con il fenomeno degli affitti turistici, i residenti alzano la voce lamentando tantissimi disagi, così implementano leggi e regolamentazioni limitando la possibilità di ottenere permessi per fare affitti brevi. E la conseguenza è che i prezzi degli appartamenti autorizzati a fare affitti brevi sono andati alle stelle e la domanda, per questo tipo di immobili, si è impennata. Stando a nuove regole, in vigore da giugno 2017, i gruppi di proprietari di appartamenti in condominio saranno in grado di esercitare il diritto di bando a tutti quei proprietari che vorranno affittare i loro appartamenti ai turisti.

Le nuove leggi tendono anche a far pagare sanzioni ai siti web di affitti, qualora le regole di una coabitazione civile non fossero rispettate dai clienti. Le abitazioni destinate a uso turistico dovrebbero essere registrate in uno speciale elenco regionale anche se questa regola viene largamente ignorata da Madrid. Nelle città principali gli argomenti usati per combattere il fenomeno Airbnb sono quasi sempre gli stessi: sicurezza, disturbi arrecati al vicinato, assenza di appartamenti per i residenti e concorrenza sleale al mondo degli albergatori. Le repliche di Airbnb non si sono fatte attendere, a Barcellona, per esempio, un portavoce dell'azienda ha puntualizzato che gli affitti attraverso la società costituiscono appena il due percento della somma totale dei vani disponibili sul mercato, e che quindi non possono essere considerati come i principali responsabili della mancanza di affitti a prezzi accessibili.

In Portogallo nel 2015 ha introdotto nuove norme che disciplinano il turismo permettendo a molti abitanti di Lisbona di affittare le proprie case. Queste regole sono applicate anche nel resto del Paese. Lisbona ha mostrato segnali incoraggianti, accettando di sottoscrivere, insieme ad Airbnb, un accordo per promuovere una forma di home sharing responsabile, semplificando i pagamenti delle tasse turistiche. Il nuovo processo di tassazione, introdotto nel 2016 permette ad Airbnb di riscuotere le tasse turistiche pagate dai clienti, per conto dei proprietari; questa procedura garantisce alla citta di Lisbona un ingresso finanziario parecchio interessante.

Airbnb e la città collaboreranno per formare una comunità trasparente e aperta, e aiutare la crescita del turismo; lo scopo è quello di rendere Lisbona in un luogo migliore dove vivere, lavorare e andare in vacanza. Avere trovato un accordo con Airbnb è un passo molto importante per la semplificazione delle procedure di tassazione e rappresenta un contributo per la nostra economia, la creazione di posti di lavoro oltre che per gli introiti di tante famiglie.

In Olanda ad Amsterdam la piattaforma Airbnb regola il settore. Di fatto, Amsterdam è la prima città al mondo ad aver riconosciuto ufficialmente la formula Airbnb, anche se il Consiglio comunale di Amsterdam è molto rigido e mette delle multe molto severe ai padroni di casa che infrangono le regole. Amsterdam permette alle persone di affittare le proprie case attraverso i siti web quali Airbnb per un massimo di sessanta notti all'anno e per non più di quattro persone con la condizione che possiedano la proprietà o non vivano in alloggi sociali.

Dal primo gennaio 2017 è entrata in vigore una normativa che cerca di rendere più facile per i residenti privati ospitare in casa; allo stesso tempo questa normativa vuole eliminare tutti gli host illegali, che esercitano abusivamente. La nuova categoria di alloggi prevede che colui che affitta sia residente e viva nello stesso alloggio e che svolga l'attività in maniera soltanto occasionale e non imprenditoriale.

Colui che affitta, inoltre, sarà tenuto a pagare le tasse sui redditi degli affitti e le tasse di soggiorno. Se l'attività di affitto causa rumori o lamentele da parte dei vicini e se l'attività è sotto forma di business, il comune può intervenire e revocare i permessi.

Il Consiglio comunale di Amsterdam, infatti, ha approvato un documento che riconosce per la prima volta al mondo la validità della formula di Airbnb; è stato quindi trovato un nuovo accordo che si pensi possa ridurre notevolmente danni e disturbi ai vicini.

Airbnb ha accettato di far partire una procedura che i residenti possono usare per lamentarsi di inquilini rumorosi o aggressivi.

Tale norma prevede anche un tetto massimo che limita le entrate generate dagli affitti turistici che non deve superare i settecento euro al mese. L'immobile deve anche rispettare la normativa antincendio, e possono essere ospitate al massimo quattro persone contemporaneamente.

Secondo Airbnb, i proprietari hanno affittato i loro immobili per una media di ventotto giorni l'anno, guadagnando circa tremila euro.

In Germania volando a Berlino è stato dato un severo stop ad Airbnb, quindi, ai turisti solo camere, non intere case.

Infatti, è in vigore nel territorio della capitale tedesca una norma che penalizza notevolmente la potenzialità della piattaforma Airbnb. Per affittare l'intera casa ci vorrà una licenza che in poco più di seimila hanno richiesto, trasformandosi di fatto in bed and breakfast regolari.

Per tutti gli altri rimane solo la modalità "affittacamere", decisamente meno accattivante. La ragione fondamentale, a Berlino come in altri casi internazionali, è il timore che la trasformazione delle abitazioni in hotel, più o meno improvvisati, possa sconvolgere ancora di più i già carissimi mercati delle abitazioni, generando, mese dopo mese, un'impennata degli affitti e restringendo le opportunità di alloggio per chi, in un posto, voglia viverci a lungo.

La nuova legge, approvata dal Senato locale nel 2013 e ora in vigore dopo i due anni di transizione scattati nel 2014, è uno strumento necessario contro l'allarme abitativo a Berlino.

Noi continueremo a incoraggiare gli amministratori ad ascoltare i cittadini e a seguire l'esempio di altre grandi città come Parigi, Londra, Amsterdam o Amburgo, e a creare nuove regole per le persone comuni che vogliano condividere la propria abitazione.

A questo punto possiamo tranquillamente chiederci: “Cosa rischia chi non rispetta le regole?”. Multe fino a centomila euro. Da poco tempo è in vigore a Berlino la legge contro le case-vacanza detta anche anti-Airbnb, concepita per proibire l’uso non abitativo di un appartamento,, ma è già un discreto fallimento. I problemi e le mancanze di questa legge erano già stati segnalati da tempo, ma ora ad accorgersene sono anche i giornali in lingua tedesca fra cui il popolare quotidiano di sinistra “Tageszeitung” o “Taz”. In un loro recente articolo è descritto, infatti, come si tratti di una legge scritta male, lesiva dei diritti dei proprietari e degli affittuari cioè affittare il proprio appartamento a dei turisti attraverso la piattaforma di Airbnb giustifica un immediato annullamento dell’accordo di locazione.

Un padrone di casa può recedere dal contratto con effetto immediato, se l’inquilino ha affittato ai turisti la sua casa attraverso il portale internet.

Un altro mercato da tempo in via di espansione, grazie anche ai cambiamenti politico-sociali avvenuti dopo la caduta del Comunismo, è quello russo. Oggi in Russia ci sono quarantamila alloggi registrati sul sito di Airbnb. In rapporto al territorio che è molto vasto, non sono molti, però sono significativi del fatto che il mercato sta procedendo. A confermare il dato, è il tasso di crescita del novantacinque percento; la Russia è uno dei mercati di Airbnb che si sviluppa più rapidamente.

Il settore degli affitti in Russia stava decisamente soffocando e scomparendo fino al momento in cui Airbnb è sbarcato in questo Paese. In Russia non esiste nessun servizio o settore dell’accommodation, quindi, le persone che non possono permettersi di pagare le cifre esorbitanti degli hotel tradizionali, devono per forza rivolgersi a servizi come Airbnb e pernottare in appartamenti privati.

I cittadini Russi, in particolar modo quelli pensionati, usano la piattaforma come metodo per aumentare i propri guadagni, subaffittando le camere non utilizzate delle proprie case.

Un affitto medio di Airbnb è di tremila rubli a notte, all'incirca cinquanta dollari, e il salario medio si aggira intorno ai trentaseimila rubli, all'incirca seicentocinquanta dollari al mese, ecco quindi che diventa facile intuire che Airbnb può rappresentare un'interessante fonte di reddito.

A New York è vietato affittare un appartamento per meno di un mese, mentre è possibile affittare una camera del proprio appartamento. Quindi molti degli annunci sono teoricamente vietati, a meno che il padrone di casa non coabiti. Dal 2010 è in vigore una legge che impedisce di affittare un intero appartamento in un condominio per meno di trenta giorni, ma la regola non si applica alle villette.

Per rendere la norma ancora più severa, lo scorso ottobre è stata presentata una proposta di sanzioni contro gli irregolari. Airbnb e l'amministrazione di New York hanno dichiarato di voler collaborare insieme per affrontare il tema della scarsità di alloggi che affligge la città. Airbnb è da tempo impegnata a sensibilizzare i propri host al rispetto della legge del 2010.

Nel 2015 la piattaforma ha rimosso circa quattromila annunci sospetti. Il novantasei percento degli annunci presenti sulla piattaforma è di stanze singole ed è in concorrenza diretta con il mondo degli alberghi.

Nell'ottobre del 2016, lo Stato di New York ha minacciato gli host Airbnb con multe fino a ottomila dollari solo per la pubblicazione sul sito; dopo questo, Airbnb ha citato in giudizio la città di New York.

Secondo Airbnb la nuova legge viola il primo emendamento della Costituzione e anche una legge federale secondo la quale i siti non possono essere ritenuti responsabili per i contenuti pubblicati dai loro utenti.

Per evitare procedure legali la compagnia, dovrebbe controllare ogni singolo annuncio pubblicato sul sito, cosa che tra l'altro le altre agenzie fanno da anni.

La città natale di Airbnb, in California invece, ha dato non poco filo da torcere alla piattaforma. Adesso San Francisco sta lavorando secondo un'ordinanza che è diventata effettiva a partire da febbraio 2015, che rende legali gli affitti a breve termine su tutto il territorio cittadino. Prima di questa legge erano vietati tutti gli affitti residenziali inferiori ai trenta giorni e questo divieto aveva contribuito a rendere illegale la maggior parte degli affitti di Airbnb. La legge tuttavia impone un numero di restrizioni sugli affitti a breve termine. L'ordinanza si applica a tutti i condomini che dispongano di una o più unità abitative che sono di proprietà o affittate da individui residenti a San Francisco in modo permanente. I residenti che vivono a San Francisco, per meno di duecentosettantacinque giorni l'anno, non possono fare affitti brevi.

Il proprietario di più unità immobiliari può registrare e affittare soltanto l'unità immobiliare nella quale risediamo. Per i non-residenti la legge limita gli affitti a novanta giorni l'anno.

Per i trasgressori la multa giornaliera va dai cinquecento ai novecento dollari. Agli host è inoltre richiesta una copertura assicurativa di responsabilità civile con copertura di almeno cinquecentomila dollari e il rispetto di tutte le regole del codice condominiale.

La tassa sulle locazioni brevi è del quattordici percento incassata dai padroni di casa e corrisposta alla città. Qualsiasi host che guadagni più di quarantamila dollari l'anno deve ottenere un certificato che gli dia la possibilità di raccogliere le tasse e di pagarle mensilmente. Tutti gli altri dovranno pagarle annualmente. A pochi chilometri da San Francisco lo scenario varia di città in città.

Infatti, esistono alcune zone della California dove le licenze sono libere e sembra che i padroni di casa stiano facendo ottimi affari con gli affitti brevi. Anche in California le regole cambiano a distanza di pochi chilometri a dimostrare che persino in uno Stato così sviluppato e grande esistano resistenze al cambiamento anche in presenza di una domanda forte.

In Indonesia fare affitti a breve è legale e consentito dalla legge a condizione che l'immobile abbia avuto una licenza chiamata Pondok Wisata.

Avere questo tipo di licenza costa al padrone di casa dai cinque ai diecimila euro e ottenerla non è sempre facile. Il rilascio della licenza è legato a precisi piani urbanistici chiamati dalle autorità locali e concesso solo a chi ha adeguato l'immobile a parametri di sicurezza.

Il mondo Airbnb opera prevalentemente nell'illegalità, ma sono iniziati i controlli. Per il momento le tasse sono ragionevoli e si aggirano intorno all'undici percento. Il mercato degli affitti turistici è stato disciplinato un paio di anni fa e le autorità locali hanno iniziato a eseguire controlli prenotando le strutture e fingendosi turisti. Anche in questo caso la pressione maggiore è derivata dal mondo alberghiero.

In Thailandia, a cavallo tra il 2014 e il 2015, gli ufficiali governativi hanno iniziato a mettere sigilli ai condomini che facevano affitti turistici. Il governo thailandese ha stabilito che il condomino non avrebbero più potuto affittare a breve cosicché tantissime persone sono state vittime di questo cambio di rotta all'ultimo momento e sono state costrette a gettare all'aria progetti, permessi e due anni di lavoro.

Questo cambio di tendenza è costato tantissimi soldi e le persone hanno dovuto ridisegnare il progetto e avviare le pratiche per richiedere una licenza albergo.

Adesso, i privati che vogliono affittare a breve devono ottenere un permesso dal Municipio mentre ai costruttori, per fare affitti turistici, è richiesta una licenza hotel.

Come si può capire da questa breve panoramica su quelle che sono le dinamiche di questo fenomeno, il mondo ha accolto questa rivoluzione anche se con qualche riserva.

La maggior parte delle leggi tende a stabilire regole e tasse imponendo però dei limiti che servono a proteggere e tutelare i residenti, gli albergatori e ovviamente guadagnare sulle imposte.

Nella maggior parte dei casi questi limiti si superano pagando delle licenze specifiche o aprendo delle posizioni fiscali che permettano allo stato di generare maggiori imposte.

Quindi, il settore degli affitti brevi non ha fatto altro che spianarsi la strada per il successo da solo, un'offerta del tutto nuova capace di soddisfare una clientela che è sicuramente meno facoltosa, ma più giovane, indipendente e con tanta voglia di scoprire il mondo.

Inoltre, in tutto il mondo, l'economia di Airbnb ha creato nuovi posti di lavoro che prima non esistevano affatto come:

- Rental manager
- Co-host
- Home stager
- Guida locale

CAPITOLO 17
Airbnb for work

La piattaforma ha lanciato Airbnb for work con una serie di nuovi strumenti per eventi di team building, luoghi particolari per meeting e case temporanee per chi cambia città.

Adesso Airbnb punta su chi viaggia per lavoro. Ancora più che in passato e lo fa lanciando una nuova serie di strumenti targata Airbnb for work.

In realtà fin dal 2014 la piattaforma di affitti a breve termine ha messo nel proprio giro quel redditizio settore con il programma Airbnb for business e l'obiettivo di regalare un certo tipo di comfort di casa ai professionisti in viaggio per lavoro. Ma il business travel cambia di continuo e così il gruppo statunitense ha ripensato alla base le sue proposte che, ad oggi, hanno coinvolto settecento mila aziende nel mondo, trecentomila delle quali sfruttano stabilmente il servizio per gestire i viaggi di lavoro dei propri dipendenti.

Al centro del nuovo progetto ci sono le Experience for Work dedicate ai momenti di team building, location uniche per Offsite e Meeting e Home for Work Trips, nuove soluzioni per chi si trasferisce per motivi lavorativi per periodi più lunghi.

Si tratta di offerte aperte a tutti, dai freelance ai colossi con decine di migliaia di dipendenti. L'idea di base, infatti, è anche aiutare le aziende a crescere.

Quando le persone mostrano le proprie debolezze agli altri e partecipano ad attività di gruppo si crea un legame più che profondo che porta benefici sul posto di lavoro capaci di generare un impatto positivo anche sul giro d'affari. Secondo alcuni studuosi le aziende con dipendenti felici fatturano tre volte di più delle altre e hanno il novanta percento di possibilità in più di trattenere i propri migliori talenti. La fiducia si crea appunto anche attraverso il team building. Sono le esperienze di gruppo, non i compensi in denaro, i nuovi bonus aziendali.

Per questo Airbnb lancia le Experiences for work, gemelle di quanto previsto per i turisti tradizionali ma orientate al lavoro: dalle lezioni di vela agli workshop di cucina con chef stellati, attività di ogni tipo e genere che sono disponibili in oltre ottocento città in tutto il mondo.

I lavoratori che passano il settanta percento del proprio tempo fuori ufficio sono i più soddisfatti. Ovviamente il luogo in cui questo tempo viene passato può fare un'enorme differenza: meglio ambienti confortevoli, accoglienti e rilassanti delle solite e gelide sale riunioni.

Sulla base di questi e altri dati Airbnb ha valutato la sezione Offsite and Meetings, luoghi unici perfetti per eventi e caratterizzati da un ambiente flessibile e work friendly. D'altra parte oltre alle case tradizionali Airbnb propone sulla piattaforma quasi tremila castelli, più di mille case sull'albero e alloggi di ogni genere.

E ancora, quasi il venti percento dei lavoratori nel mondo sono aperti alla possibilità di trasferirsi per lavoro. Una disponibilità che però non può escludere affatto lo stress del trasloco e soprattutto dell'aspetto sociale, dalle relazioni alle amicizie messe alla prova così come l'inserimento in una nuova comunità.

A tal proposito, si attesta che più del quaranta percento degli assignment internazionali sono giudicati fallimentari dai vertici aziendali e la causa principale sono proprio le difficoltà culturali.

Con Homes for Work Trips Airbnb aiuta quindi i professionisti a trovare una casa temporanea che soddisfi appieno le proprie esigenze e regali quel confortevole senso di casa che fa sentire a proprio agio nel caos generato dal radicale cambio di vita che un trasloco porta con se.

Per i proprietari si tratta di fare un piccolo investimento per adattare gli appartamenti, in modo da assicurare il distanziamento e le precauzioni sanitarie. Per i clienti singoli oppure aziende che hanno interesse a trovare dei luoghi in cui i propri dipendenti possano lavorare con serenità e concentrazione, si tratta sicuramente di una possibilità in più.

La risposta degli Host riguardo tutto ciò on si è fatta attendere perché per loro è difficile stare dietro alle proposte di appartamenti, ne arrivano tante al giorno e prima di pubblicarle occorre selezionarle tutte per assicurarsi che siano di un livello medio-alto e che abbiano tutte le caratteristiche necessarie, anche di sicurezza sanitaria.

Le proposte arrivano tutte dalle grandi città, soprattutto Roma e Milano, e questo, dimostra che l'iniziativa è stata compresa: chi ha case al mare o in montagna si aspetta che il turismo possa ripartire, anche se lentamente e mantiene quel tipo di target. Mentre chi ha case in città sperimenta questa nuova opportunità.

Per quanto riguarda i prezzi, per il momento, dovrebbero coincidere con quelli delle case-vacanza, quindi, dai quaranta agli ottanta euro al giorno per un piccolo appartamento nel centro di Roma, anche se probabilmente chi cerca spazi per smartworking dovrebbe avere una prospettiva di uso continuativo, che di certo porterebbe i costi giornalieri a ridursi. Comunque, in linea di massima sì cerca di tenere i prezzi più bassi ed evitare speculazioni.

Ma com'è la risposta dei clienti? Per ora sono arrivate richieste molto generiche, sulle quali gli host stanno riflettendo in quanto si vogliono soprattutto approfondire i termini delle offerte, in attesa di capire che cosa succederà nei prossimi mesi.

Quando cerchiamo un alloggio, selezioniamo l'opzione viaggio di lavoro e i risultati mostreranno gli alloggi e i boutique hotel che soddisfano criteri specifici.

Alloggi e boutique hotel adatti ai viaggi di lavoro che hanno:

- Almeno una recensione per viaggi di lavoro
- Un'ottima valutazione per viaggi di lavoro da parte degli ospiti (almeno cinque)
- Un'ottima valutazione complessiva delle recensioni (almeno quattro e mezzo)

- Un'indicazione da parte dell'host della presenza di un allarme antincendio e di un rilevatore di monossido di carbonio

- Alloggi Airbnb Plus, nei mercati disponibili, che hanno degli spazi verificati per qualità e design, servizi richiesti da coloro che viaggiano per lavoro, come il wifi

Verranno mostrati gli annunci che soddisfano i criteri negli ultimi due anni.

Potremmo restringere ulteriormente la ricerca affinché includa solo alloggi interi o stanze private, andando a filtrare per tipologia di alloggio oltre che per viaggio di lavoro.

Se dovessimo occuparci di gestire i viaggi della nostra azienda, potremmo registrarci a Airbnb for Work gratuitamente.

Tra i vantaggi è inclusa una scrivania per gli amministratori senza costi aggiuntivi, che semplifica la prenotazione e la gestione di viaggi aziendali su Airbnb.

Questa scrivania permette agli amministratori di conoscere meglio ciò che succede e di consultare resoconti accurati sui viaggi dei dipendenti.

Gli amministratori possono usare funzioni come le notifiche sui prezzi e i gruppi di pagamento, che li aiuteranno a gestire le spese per i viaggi aziendali. Per qualsiasi domanda possono contattare il servizio di Community support di Airbnb, per ricevere assistenza da parte di un team esperto sulle questioni relative alla scrivania di Airbnb for Work.

In qualità di amministratore, la scrivania Airbnb for Work permette di accedere a viaggi, report, fatture e persone della nostra sede di lavoro.

Per accedere alla scrivania Airbnb for Work i passaggi sono molto semplici:

- Accediamo al nostro account Airbnb

- Clicchiamo sulla foto del profilo

- Selezioniamo Airbnb for Work

- Clicchiamo su Vai alla tua scrivania.

La scrivania Airbnb for Work è suddivisa in quattro schede: Viaggi, Report, Fatture e Persone.

In ogni scheda possiamo trovare diverse informazioni.

Usiamo la scheda viaggi per una panoramica completa sui viaggi attivi, confermati e completati dai dipendenti. Per ogni viaggio troveremo i nomi dei viaggiatori, i dettagli della destinazione e le date del soggiorno.

La scheda report mostra il numero di notti prenotate, l'importo totale speso e il tasso medio giornaliero di tutta la nostra azienda. Possiamo, inoltre, esportare questa pagina in formato CSV.

Usiamo la scheda fatture per esaminare quelle fatture che riguardano i gruppi di viaggiatori. Ogni elemento includerà il numero della fattura, la data, la data di scadenza e l'importo dovuto.

La scheda persone visualizza e gestisce gli account dei dipendenti collegati alla nostra azienda. Da questa pagina possiamo anche invitare i dipendenti al nostro programma.

Insomma questa è la rivoluzione del business travel per sentirsi a casa anche durante i viaggi di lavoro.

È molto comune e anche abbastanza ovvio che prima di trasferirsi definitivamente le persone vogliano provare a vivere nella città di destinazione, conoscere il quartiere, spesso la vicinanza della casa a una scuola si dimostra fondamentale dal momento che circa il quaranta percento dei trasferimenti coinvolgono l'intera famiglia inclusi i bambini. Dal momento in cui arrivano nella nuova città è importante per le persone sentirsi subito a proprio agio. E Airbnb con Airbnb for Work sta lavorando proprio per questo.

Con Homes for Work Trips Airbnb aiuta i professionisti a trovare una casa temporanea che soddisfi le proprie esigenze e regali quel confortevole senso di casa che faccia sentire a proprio agio nel caos generato dal radicale cambio di vita che una rilocalizzazione inevitabilmente comporta.

CAPITOLO 18
Airbnb e covid-19

Ovviamente anche il mondo degli affitti brevi è in allerta, gli host dei quattrocento mila appartamenti di Airbnb sparsi in tutto il mondo ha scelto di prendere subito provvedimenti, ma non solo.

La psicosi aumenta e addirittura chi ha in condominio un appartamento che viene affittato ai turisti storce il naso, anche se non si può impedire al proprietario di ricorrere a questo strumento per incrementare il proprio reddito.

Si legge sul sito di Airbnb che il turista o l'host sono autorizzati a cancellare gratuitamente la prenotazione dell'alloggio o l'esperienza Airbnb qualora temessero conseguenze di salute. Questo riguarda ospiti e host che hanno effettuato o ricevuto prenotazioni entro il primo febbraio 2020 per soggiorni nella provincia cinese di Hubei con data di check-in entro il primo aprile 2020 oppure ospiti che viaggiano dalla provincia cinese di Hubei verso qualsiasi destinazione del mondo e che hanno prenotato soggiorni nel resto del mondo.

Dopo il debutto record delle azioni sull'indice Nasdaq, quando in un solo giorno sono balzate del centododici percento a centoquarantaquattro dollari (dai sessantotto del collocamento), le azioni di Airbnb hanno proseguito la loro corsa a Wall Street, dove sono arrivate a valere centocinquantasei dollari, per una capitalizzazione di mercato superiore ai novanta miliardi di dollari.

Un successo tra gli investitori che lì per lì può sembrare difficile da spiegare, se si considera che la società statunitense opera nel campo degli affitti brevi e che la pandemia del Covid-19 ha inflitto un duro colpo ai viaggi e al turismo in tutto il mondo.

Per comprendere le ragioni del boom di Airbnb sulla piazza di Wall Street occorre partire da lontano.

Infatti già prima del diffondersi della pandemia Airbnb aveva avuto bisogno di una rapida infusione di denaro. La valutazione era scesa da trenta miliardi di dollari nel 2017 a diciotto miliardi ad aprile 2020. Sempre prima della pandemia, Airbnb aveva esteso le sue attività in nuove aree come i trasporti e i media e speso molti soldi in marketing e per una nuova sede aziendale, aumentando i costi totali dell'azienda più di cinque volte tra il 2015 e il 2019.

La mossa vincente è stata quella di adattare la propria piattaforma per i viaggi proprio alla pandemia. Infatti la gente era seduta a casa e voleva ancora viaggiare, ma in molti casi anzi nella maggior parte dei casi, non poteva prendere un aereo. Molte persone hanno così iniziato a guidare verso città e paesi più piccoli, non sempre coperti da grandi catene di alberghi, ma spesso coperti da Airbn, che quindi in questo senso è stata fortunata.

Prima della pandemia, le grandi città visitate dai turisti erano state il punto di forza di Airbnb, mentre durante la pandemia questi nuovi soggiorni locali specialmente in periferia e nelle località rurali sono diventati il nuovo fulcro dell'azienda.

Il ceo Chesky ne ha colto l'opportunità e ne ha saputo beneficiare immediatamente.

Così, quindi, l'azienda ha ridisegnato il proprio sito web e la propria applicazione, con il proprio algoritmo in grado di far visualizzare ai potenziali viaggiatori un po' di tutto, dalle cabine alle lussuose case sulla spiaggia vicino a dove vivevano.

Ad agosto è stata effettuata più della metà delle prenotazioni per soggiorni entro trecento miglia dalla posizione degli ospiti, secondo l'azienda. E queste mosse hanno aiutato a controllare le perdite. La società ha registrato a sorpresa un profitto nel terzo trimestre. Questo trimestre è in genere il più redditizio per l'azienda.

Airbnb non ha mai registrato un profitto per l'intero anno, ma, in un momento in cui l'industria alberghiera stava annegando a causa della pandemia, è riuscita a ottenere la fiducia degli investitori.

Quello che è sicuro è che Airbnb guarda avanti, con ottimismo, a un futuro dove si potrà di nuovo viaggiare. E si attrezza di conseguenza: il portale online ha studiato dei nuovi protocolli di pulizia validi a partire dal mese di maggio, tra cui la possibilità, per l'host, di lasciare l'alloggio vuoto per ventiquattro ore tra una prenotazione e l'altra, in modo da garantire le operazioni di sanificazione.

La piattaforma, nata nel 2007, e divenuta sempre più nota col passare degli anni, mette in contatto persone in cerca di un alloggio o di una stanza per brevi periodi con persone che dispongono di uno spazio extra da affittare, generalmente privati.

Con l'arrivo della pandemia da coronavirus tuttavia, l'attività delle strutture ricettive, e quindi anche quella di Airbnb, è stata messa ko a causa delle limitazioni agli spostamenti rivolte a prevenire la diffusione del virus.

È proprio nel tentativo di immaginare un mondo dei viaggi post-Covid 19 che Airbnb ha introdotto il protocollo delle ventiquattro ore tra una prenotazione e l'altra. Si tratta della prima misura del genere adottata nel mondo dell'home sharing, ed è stata studiata in accordo con gli standard igienici prescritti dal centro statunitense per la prevenzione e il controllo delle malattie, consultando anche esperti di spicco e autorità del settore dell'ospitalità e dell'igiene medica.

Nel caso in cui si debba pulire un edificio dove è stata una persona infetta da coronavirus, di isolare le zone usate dalla persona malata, bisogna aprire le finestre per agevolare il ricambio d'aria e aspettare ventiquattro ore prima di iniziare a pulire e disinfettare.

Il protocollo richiede agli host di usare una lista di prodotti specifici e approvati per effettuare la pulizia dell'alloggio, il tutto rigorosamente con mascherine e guanti; nel caso in cui non fosse possibile trovare i prodotti, gli host dovranno lasciare trascorrere settantadue ore tra una prenotazione e l'altra, fermo restando il lasso di tempo di ventiquattro ore tra l'uscita degli ospiti dall'appartamento e l'inizio delle pulizie. Non siamo a conoscenza, invece, se gli host potranno chiedere un rimborso ad Airbnb per l'acquisto dei prodotti di pulizia specifici.

In realtà, l'adesione al nuovo protocollo delle ventiquattro ore non è obbligatoria per gli host: anche se, nei risultati di ricerca sarà reso visibile chi ha deciso di partecipare e chi no.

In ogni caso, hanno puntualizzato da Airbnb che gli host dovranno continuare ad osservare le regole del distanziamento sociale imposte a livello locale.

Dopo il diffondersi dell'emergenza, l'azienda ha permesso agli ospiti di cancellare gratuitamente le prenotazioni tra il quattordici marzo e il quattordici aprile senza offrire alcuna copertura economica agli host.

Tuttavia, pare che recentemente abbia annunciato di aver messo a disposizione un fondo da duecentocinquanta milioni di dollari per rimborsare gli host delle prenotazioni perse, estendendo contestualmente il periodo di cancellazione gratuita delle prenotazioni fino al trentuno maggio.

Come tutti sappiamo, la crisi del coronavirus sta avendo un impatto enorme sul settore degli affitti brevi. Con l'obbligo di quarantena domiciliare messa in atto, i viaggi si sono ridotti in modo significativo e le prenotazioni sono state crollate.

Vediamo insieme alcuni modi per superare la tempesta in modo da essere pronti per riprendere e continuare a far crescere la nostra attività.

Cominciamo con informarci dei termini di cancellazione. Molti ospiti annulleranno le loro prenotazioni future al momento, quindi, consigliamo di consultare i nuovi termini di cancellazione. Airbnb, ad esempio, ha introdotto una nuova politica delle circostanze attenuanti per la pandemia che permette le cancellazioni delle prenotazioni effettuate prima del tot giorno. Questa politica permette sia agli host che agli ospiti di annullare la prenotazione senza penalità e significa che agli ospiti non verrà addebitato alcun costo per le cancellazioni e gli host possano annullare le prenotazioni senza compromettere il loro stato di Superhost.

Poi sosteniamo il personale medico e sanitario. Infatti con l'appello ai medici e infermieri in pensione, un grande numero di operatori sanitari in prima linea deve autoisolarsi per proteggere le proprie famiglie e si rivolge agli affitti brevi.

Assicuriamoci che il nostro alloggio metta a disposizione tutto ciò di cui una persona avrebbe bisogno per un soggiorno più lungo, ad esempio, possiamo pensare a provviste di cibo, ad un ferro e asse da stiro e TV con Chromecast o Amazon Fire Stick. Alla fine non si tratta di un soggiorno normale e non tutti avranno i mezzi per un soggiorno costoso, quindi offriamo uno sconto per ringraziarli per il loro servizio.

Ancora pensiamo ad usare gli incentivi governativi, infatti, il governo ha messo a disposizione la cassa integrazione per proteggere i posti di lavoro. Possiamo inserire i nostri dipendenti nel programma, per cui il governo finanzierà una parte dei loro salari.

I nostri dipendenti non sono autorizzati a svolgere alcun lavoro per noi mentre fanno parte della cassa integrazione perché effettivamente saranno in congedo retribuito.

Molti host di Airbnb usano la piattaforma per contribuire a pagare il loro mutuo, e altri incentivi come la sospensione del mutuo possono nel frattempo aiutare.

Poi potremmo usare questo periodo per portare dei miglioramenti al nostro alloggio o alla propria persona in qualità di host.

Con le prenotazioni in calo, adesso è il momento più adatto per migliorare la nostra proprietà e aggiungere valore.

Se avevamo intenzione di fare lavori importanti, come l'installazione di una nuova cucina, dovremo comunque aspettare fino alla fine del distanziamento sociale per coinvolgere i lavoratori, ma se dobbiamo solo ripittare o abbiamo necessità di piccole manutenzioni come semplici lavori idraulici o semplici riparazioni che devono essere fatte, ora è un buon momento per provare ad eseguirle da soli.

Infine, sperimentiamo nuove cose per portare delle novità.

Il settore dei noleggi a breve termine prevede di riprendersi rapidamente dopo la crisi. Con la necessità di tagliare i costi e di limitare al massimo gli spostamenti se non quelli essenziali, è ora un buon momento per provare cose nuove e migliorare la propria posizione per il futuro. Usiamo questo periodo per esaminare la gestione del nostro Airbnb e vedere ad esempio quanto ci costa.

Proviamo un nuovo software di gestione della proprietà se non siamo soddisfatto di quello che abbiamo.

Se solitamente incontriamo gli ospiti di persona, possiamo provare un servizio come KeyNest per rispettare le regole di distanza sociale, o investiamo tempo in nuove strategie di marketing, come la creazione di un sito web di prenotazioni dirette così saremo in grado di recuperare redditività rapidamente una volta tornati alla normalità.

CAPITOLO 19
Esperienze online

Ma effettivamente come possiamo continuare a viaggiare e soprattutto a vivere le esperienze con le persone del posto, considerato uno degli aspetti più genuini quando si visita una destinazione?

Airbnb, il colosso che undici anni fa ha ribaltato il mondo del turismo e dell'ospitalità semplificando gli affitti brevi di case e stanze da parte dei privati, si è messo al lavoro su questo fronte nelle ultime settimane di emergenza mondiale legata al coronavirus.

Il turismo è a terra, decine di compagnie aeree rischiano il fallimento, hotel e alberghi sono deserti così come le strutture disponibili sulla piattaforma statunitense, che sta sostenendo i proprietari nei rimborsi a centinaia di migliaia di viaggiatori.

Così, mentre il gruppo ha comunque chiuso un nuovo ciclo di finanziamento da un miliardo di euro da due importanti fondi americani, uno dei fronti sui quali ha scelto di concentrarsi è quello delle esperienze.

Le Esperienze, quelle offline, sono state lanciate quattro anni fa.

Si tratta di iniziative di ogni genere da svolgere nelle destinazioni che si visitano come corsi, lezioni, cooking class, meditazioni, visite guidate, attività sportive o anche più particolari. Il lockdown le ha sospese.

Ma una piccola parte di queste è diventata digitale. Traslocare cioè sul web, dove gli host o meglio gli organizzatori possono dare vita alle esperienze online.

Il principio di base non cambia, ed è quello di provare qualcosa di unico e assaggiare culture diverse dalle nostre o mettersi alla prova con attività mai svolte prima.

Ovviamente, in tempi di semi-isolamento internazionale la proposta si arricchisce di un significato molto profondo di solidarietà, collaborazione e, perché no anche di svago e relax.

Il periodo è particolare e l'impatto della pandemia sulla vita di tutti noi e sulla community è stato enorme. Il primo pensiero è stato quello di poter dare un supporto con tutto quello che abbiamo a disposizione.

Da questa preoccupazione è nato il primo progetto destinato a medici e infermieri trasferiti in giro per l'Italia o impossibilitati ad alloggiare con la propria famiglia, raccogliendo gli impulsi della community che ha messo a disposizione gratuitamente o a tariffe calmierate molti appartamenti.

Al momento sono disponibili oltre quattromila case con più di settecento richieste di alloggio ricevute dagli operatori sanitari, ma possiamo affermare che di abitazioni ne servono altre. Dopo l'iniziativa per chi lavora in prima linea contro il virus, la piattaforma è tornata a riflettere su come tutelare, almeno in parte, il proprio business.

Infatti, sono state raccolte proposte e inviti degli host per pensare a cosa fare per mantenere il cuore del business, ma anche della missione cioè far sentire le persone a casa da ogni parte del mondo, quindi, proprio da questa esigenza sono nate le Esperienze online.

D'altra parte nella storia di Airbnb non sono mancati grandi cambiamenti di prodotto, dall'introduzione dei pagamenti online alla creazione di un rapporto di fiducia fra sconosciuti, con il lancio delle recensioni. Anche se la situazione attuale è oggettivamente diversa.

Ma cosa sono le Esperienze online?

Per il momento si tratta di un primo pacchetto di cinquanta proposte in trenta paesi del mondo, Italia inclusa, in diverse lingue.

C'è praticamente di tutto: dalla meditazione con un monaco buddista giapponese a Osaka a quella nel pieno delle campagne scozzesi, dalle lezioni di cucina marocchina a Marrakech a quelle della tradizione italiana a Roma o

Firenze, dalle danze irlandesi a Galway agli spettacoli di magia a Londra fino alla pasticceria svedese.

Quello che si vuole fare è puntare a raggiungere la quota di cento proposte e i prezzi dovranno essere accessibili, infatti, la maggior parte delle esperienze costa meno di dieci euro a quota e in ogni caso i prezzi oscillano da uno a quaranta euro, ovviamente nulla impedisce di goderne insieme al proprio partner, alla famiglia o di prenotarle per gruppi. Magari condividendo con gli amici lontani un momento di allegria.

Chiunque voglia partecipare, ma ci si può anche candidare per offrirne una, può effettuare la prenotazione attraverso la pagina dedicata all'esperienza selezionata.

Una volta che la prenotazione sarà andata a buon fine l'ospite riceverà un link alla piattaforma di videoconferenze Zoom, con cui Airbnb ha collaborato nelle ultime settimane per ottimizzare il sistema, al quale connettersi per prendere parte all'attività, insieme alle indicazioni necessarie e ai materiali da procurarsi per viverla al meglio.

Se, ad esempio, si tratta di un esperienza legata al mondo della cucina bisognerà fare la spesa giusta oppure se si tratta di sport e allenamenti occorrerà procurarsi delle attrezzature di base e così via. Ovviamente la sessione è protetta da password.

L'idea è nata proprio in Italia, poco tempo fa. Abbiamo la fortuna di avere una comunità di host di esperienze molto attiva e creativa che si è confrontata online per cercare e parlare delle nuove idee. Una di queste è stata appunto quella di creare delle esperienze online.

Nel 2016, al lancio delle attività tradizionali, si era puntati sulla costruzione di un profondo legame fra la natura locale dell'esperienza e i viaggiatori.

Com'è possibile preservare questo ingrediente umano? Il desiderio di conoscere nuove culture ed entrare in contatto con chi è in altre parti del mondo rimangono. Così è stato possibile identificare alcuni criteri qualitativi, per diversificarle da tutto il resto che si trova oggi su internet.

Si deve, per esempio, trattare di esperienze offerte da host esperti e molto qualificati, che condividono una passione che conoscono molto bene e in grado di creare una forte connessione con i propri ospiti.

Prima della pandemia le esperienze disponibili erano, potenzialmente rimangono anche per il dopo, quaranta mila in mille città del mondo. Online sarà possibile riadattarne solo una porzione, anche se nel primo gruppo di cinquanta si trovano quelle di maggiore successo e proposte da host che lavorano con la piattaforma da più tempo.

Yoga con atleti professionisti, allenamenti, meditazione, cucine dal mondo, intrattenimento con spettacoli musicali diciamo che sono stati scelti sia gli host che le attività più adeguate a questo periodo storico particolare.

Ad esempio, ci sono quelle che offrono una cooking class a distanza basata sulla tradizione famigliare, o quelle che spiegano i segreti di cosmesi naturale, tra l'altro tra le più prenotate già prima del trasloco online.

Sul futuro di Airbnb non si hanno ancora dei piani a lungo termine, si sta ancora cercando di capire come si evolverà la situazione perciò si parte da queste esperienze che sicuramente verranno allargate molto presto.

Tutti quanti ci auguriamo di tornare presto a viaggiare: stando alle indicazioni delle autorità le vacanze per luglio e agosto, ad esempio, si possono prenotare, e comunque il prossimo passo sarà tornare a incentivare il turismo domestico.

Ogni esperienza consiste in una sessione video interattiva dal vivo che offre anche la possibilità di conoscere persone nuove.

Ci sono,.come abbiamo detto, attività coinvolgenti e dimensioni intime di gruppi che fanno delle esperienze online uno strumento molto più interessante delle esperienze passive e pre-registrate. Grazie a questo sistema, l'ospite può partecipare da qualsiasi parte del mondo senza dover spendere tanto e gli basterà avere una connessione ad Internet.

Ma come possiamo offrire un'esperienza online che possa permettere agli host di continuare a guadagnare denaro fino alla fine dell'emergenza sanitaria?

L'invio di un'esperienza online segue quasi lo stesso processo delle esperienze offline.

Al momento dell'inserimento dell'annuncio che riguarda quella determinata esperienza, viene richiesto di selezionare il flag alla casella che indica "Sì, questa è un'esperienza online".

Il team di Airbnb esaminerà la richiesta e farà sapere se è stata approvata entro massimo quattro settimane. Successivamente, stabilirà il tempo per guardare e rivedere una prova dell'esperienza online proposta.

Una volta avuta l'approvazione si può attivare il proprio account gratuito su Zoom, la piattaforma di videoconferenza cloud che ospiterà l'esperienza proposta.

Si possono proporre esperienze di cucina, lezioni di danza e anche concerti, ma gli standard di qualità per ottenere un'esperienza online presentano alcune piccole variazioni.

Prima di tutto si richiedono host esperti che siano dei buoni insegnanti e narratori carismatici in quanto gli ospiti sono alla ricerca di conoscenze e approfondimenti unici.

Inoltre, si richiede una partecipazione attiva con risposte tempestive a chat e domande e attività pratiche come lezioni d'arte, feste di ballo, e così via.

Infine, per rendere più inclusive le esperienze proposte, è consigliabile tener conto che i partecipanti sono in quarantena e potrebbero avere difficoltà a reperire il materiale necessario.

E' bene, quindi, considerare l'opzione che richieda poche ore di tempo e forniture minime, per rendere la cosa più gestibile.

Questa attività permetterà agli Host di farsi conoscere e mostrare all'interno dell'esperienza il luogo che potrebbero visitare una volta finita la pandemia.

Si può mostrare gli ambienti dove verranno ospitati e nello stesso tempo riproporre la stessa attività anche personalmente, quando arriveranno presso la struttura nella prossima vacanza.

L'Host può decidere di applicare un costo alle attività online con Aribnb proposte e avere la possibilità di guadagnare piccole cifre.

Noi consigliamo l'opzione a costo zero, per raggiungere più facilmente i nostri futuri viaggiatori, dando loro la possibilità di intraprendere un legame con la prossima meta desiderata.

CAPITOLO 20

Alcune regole per il successo

Le persone più motivate che si accingono ad usare la piattaforma nel migliore dei modi riescono anche a farne la principale attività economica. Per imitarli ed entrare in questo vortice di denaro, affittando posti letto a sconosciuti, in realtà, basta seguire poche e più o meno semplici regole.

Pensiamo più in grande cioè non basta avere una stanza. Per guadagnare con Airbnb, numeri alla mano e studi fatti, ne servono almeno tre o addirittura una casa intera e anche più. E questo non lo diciamo noi, ma una fonte insospettabile ovvero l'ufficio del Procuratore Generale di New York che, nel rapporto Airbnb and the City, spiega come New York in pochi anni sia diventata la meta per eccellenza del bed e breakfast.

Anche se gli utenti pro rappresentano una minoranza degli host, sono loro che dominano il mercato privato del noleggio a breve termine in termini di prenotazioni e entrate finanziarie. E per chi non avesse tempo, esistono anche soluzioni come Bnbsitter cioè quella startup fondata da due italiani che si occupa proprio di aiutare gli host ad accogliere gli ospiti.

Dobbiamo essere più originali e probabilmente anche con una certa dose di follia.

Sempre a New York, dove ci sono più bed and breakfast che idranti per le strade, fare colpo sui clienti non è facile. Ci riescono soprattutto tre categorie: quelli che hanno una vista oseremo dire pazzesca quasi da cartolina, quelli che offrono prezzi concorrenziali e i cosidetti originali cioè un tocco di personalità nell'arredamento e nello stile della casa pare che attiri turisti quanto una camera a buon mercato o una vista sulla skyline di Manhattan, dove per altro secondo una recente ricerca ogni affittuario guadagna con Airbnb in media ottomila dollari l'anno. E la stessa cosa vale per quei posti più piccoli perché si sa che tutti apprezzano un'esperienza locale e quella casa in particolare.

Alla fine è l'unicità che fa la differenza nelle esperienze degli ospiti.

Poi dovremmo cercare di comportarci come se fossimo degli alberghi veri e propri.

Non troveremo nessuno disposto a fare a meno del wi-fi e degli asciugamano puliti. Pulizia, organizzazione e qualsiasi altra attenzione all'ospite, come quelle che riceverebbe in hotel, genera buone recensioni, che saranno utili per cambiare in positivo l'algoritmo di Airbnb e apparire tra i primi host della nostra città.

Ricordiamo, anche, che l'immagine è tutto o quasi tutto. È evidente che ad aver fatto la differenza e aver portato questo successo sono state proprio le foto, dando ai nostri alloggi quelle immagini di eleganza, rispettabilità e affidabilità.

Le foto belle fanno sembrare le location più belle, rispetto agli altri siti, che spesso mostrano immagini brutte e sfocate dei posti. Non è un caso che Airbnb si affidi a fotografi professionali in molte città.

Usiamo gli strumenti del sito perché Airbnb mette a disposizione degli utenti alcuni strumenti utili per pubblicare un annuncio efficace. I prezzi smart, per dire: una volta stabilito un prezzo minimo e uno massimo, attivando l'opzione prezzi smart, Airbnb stabilisce i prezzi migliori per l'alloggio in affitto, in base alla domanda.

Sul sito c'è anche una piccola sezione di consigli su come creare un annuncio accurato. Abbiamo lavorato sodo per avere stanze carine e confortevoli. I nostri ospiti sono felici e riceviamo ottime recensioni. Tutti vogliono prenotare da noi ma se le disponibilità delle nostre camere su Airbnb terminano sempre troppo in fretta, dovremmo rivedere la nostra strategia tariffaria.

In pratica, stiamo rischiando di lasciare molti euro sul tavolo.

A questo punto se volessimo migliorare i ricavi generati con Airbnb, dobbiamo capire che ricevere tante prenotazioni in breve tempo non significa sempre fare ottimi affari e spieghiamo anche il perché.

Supponiamo che si vendano le nostre camere a cento euro a notte per trenta giorni al mese. Questo significa che, in caso di tutto esaurito, ricaveremo tremila euro al mese e certamente questo non è male, ma sicuramente possiamo fare di meglio.

Adesso, ipotizziamo che la nostra tariffa per notte sia di centocinquanta euro. Con questo prezzo, scopriamo che vendiamo tutte le nostre camere su Airbnb per venticinque dei trenta giorni del mese.

Ora possiamo fare qualche conto. Abbiamo incassato tremilasettecentocinquanta euro in un mese, invece di tremila, cioè il venticinque percento in più e con il diciasette percento in meno di lavoro. Questo significa che con una semplice mossa possiamo guadagnare novemila euro in più all'anno.

Da tutto questo discorso possiamo dedurre che una sapiente strategia di revisione è uno dei modo più efficienti per aumentare i nostri guadagni.

Vogliamo migliorare la nostra politica dei prezzi su Airbnb?

Vediamo insieme alcune dritte che potrebbero tornarci utili.

1. Ignoriamo i consigli di Airbnb nel senso che quando creiamo un nuovo annuncio su Airbnb, il portale ci consiglia il prezzo per notte per la nostra stanza. Questo suggeritore sembra generare tariffe inferiori ai veri valori di mercato. Il prezzo è una variabile fondamentale per il successo del nostro annuncio su Airbnb. Se siamo un nuovo host, dovremmo dedicare il giusto tempo per confrontare le nostre tariffe con quelle proposte dai nostri concorrenti.

2. Troviamo il valore della nostra stanza cioè prima di tutto suggeriamo di vedere intorno a noi gli altri alloggi. Poi, consideriamo che dobbiamo studiare molto bene il comportamento dei nostri concorrenti. Controlliamo i loro calendari e prestiamo attenzione ai tempi delle prenotazioni e ai prezzi di vendita, prestiamo attenzione alle tariffe dei giorni lavorativi e a quelle dei fine settimana. Un'attenta analisi della concorrenza ci aiuterà a capire quali potrebbero essere le nostre tariffe su Airbnb. Se notiamo che qualche nostro concorrente esaurisca le proprie disponibilità in pochi giorni, è segnale che sta vendendo a prezzi troppo bassi. Quindi potremmo, almeno, evitare di imitarlo.

3. Distruggiamo nel vero senso della parola i nostri concorrenti con prezzi più bassi.

Se volessimo vincere facile su Airbnb, dobbiamo rispondere a questa domanda: perché qualcuno dovrebbe prenotare le nostre stanze, senza recensioni, anziché scegliere un host con centinaia di recensioni positive? La risposta corretta sarà per i prezzi convenienti.

Proviamo per poco a indossare i panni dell'ospite. Solitamente, un ospite cerca la miglior tariffa disponibile su Airbnb; se nota che le nostre stanze hanno tariffe più economiche rispetto a quelle di qualunque altro nostro concorrente, è probabile che ne approfitti subito. In definitiva, se siamo un host alle prime armi su Airbnb, dovremmo usare le tariffe come amo per la nostra prima pesca.

Per iniziare con il piede giusto, impostiamo i prezzi bassi per attrarre subito i primi ospiti. Non appena avremo qualche prenotazione, e almeno cinque recensioni, modifichiamo leggermente le nostre tariffe verso l'alto: pian piano, dovremmo allinearle a quelle dei nostri concorrenti.

Se riceviamo molte prenotazioni in poco tempo, è segnale che i nostri prezzi sono troppo bassi. Se, al contrario, abbiamo poche prenotazioni, e non abbastanza in fretta, vuol dire che le nostre tariffe sono troppo alte.

Consideriamo, poi, che maggiori saranno le recensioni positive che riceveremo e maggiori saranno le nostre possibilità di ricevere nuove prenotazioni: quindi, continuiamo a sperimentare nuove tariffe.

4. Impostiamo prezzi più alti nel weekend, in alta stagione e per eventi speciali

Una strategia di rinnovo molto poco intelligente prevede prezzi fissi per tutta la stagione e per ogni giorno dell'anno. Questo vale per tutto il mondo dell'ospitalità.

Se ci soffermassimo a notare, vedremmo che gli host con più esperienza su Airbnb applicano una politica tariffaria variabile, a seconda della domanda di soggiorni prevista.

Ricordiamoci che vendiamo camere, quindi operiamo in un mercato rivolto al breve periodo. Teniamo conto, poi, che i fine settimana, i periodi di vacanze, gli eventi speciali in programma nella nostra città, o nei suoi dintorni, sono i momenti migliori per far aumentare i nostri ricavi.

Per farla breve, in caso di alta domande di stanze, e di scarsa disponibilità delle stesse, i prezzi salgono: è una legge economica universale.

Prevediamo di fare il tutto esaurito nella settimana di Pasqua? Modifichiamo le nostre tariffe verso l'alto.

In città stanno per arrivare gli U2 in concerto? Beh, ancora una volta, sapremo cosa fare e cioè aumentare le nostre tariffe.

5. Evitiamo di usare Prezzi Smart perché con la funzione Prezzi Smart di Airbnb, possiamo impostare il prezzo del nostro annuncio affinché questo si adatti in automatico alle variazioni della domanda. Prezzi Smart può rivelarsi utile per gli host alle prime armi.

Se vogliamo migliorare il nostro incasso, evitiamo questo strumento: sembra che non sia poi così tanto smart. In alcuni casi, Prezzi Smart suggerisce tariffe ben al di sotto delle nostre possibilità di vendita reali.

Ma per quale motivo?

Possiamo solo fare qualche ipotesi. Forse lo strumento è ancora troppo giovane per essere del tutto efficiente.

Se volessimo essere maliziosi, però, dietro al funzionamento di questo strumento potrebbe nascondersi una strategia di Airbnb, finalizzata, ovviamente, alla crescita del portale.

Con tariffe più basse, le prenotazioni arrivano con più facilità. Più prenotazioni significa host più felici e più fedeli.

Con il passare del tempo, le loro entrate dipenderanno sempre più da un solo canale, Airbnb, per l'appunto, con buona pace per tutte quelle altre strategie di distribuzione diversificata.

Oltretutto, se i prezzi sono più bassi, Airbnb ha la possibilità di fare concorrenza agli hotel che, solitamente, vendono le loro camere a tariffe superiori e con ulteriori aggravi.

Airbnb sa bene che per crescere, nel lungo periodo, deve puntare ad attirare nuovi ospiti e cercare, poi, di fidelizzarli e questo sarà possibile ovviamente con le tariffe più basse.

E magari qualche ospite, attratto da questo giochino, deciderà di diventare, a sua volta, un host.

Per concludere possiamo dire che se volessimo migliorare i nostri ricavi su Airbnb dovremmo fare esattamente tutto quello che abbiamo appena detto o meglio consigliato.

Prima di tutto, studiamo il nostro mercato di riferimento, osserviamo i nostri concorrenti e prendiamo spunto dai migliori.

Sperimentiamo tariffe diverse in diversi periodi dell'anno per scoprire qual è il vero valore di mercato delle nostre camere.

Questo è l'unico modo per aumentare le nostre entrate su Airbnb.

Come regola generale, teniamo conto anche di qualche numero. Se il nostro tasso di occupazione medio è inferiore all'ottanta percento, potrebbe voler dire che il prezzo di vendita delle nostre stanze è troppo alto; in questo caso, ridimensioniamo le nostre tariffe; in questo modo, il nostro annuncio sarà più appetibile per i potenziali ospiti.

Se negli ultimi mesi abbiamo notato che il tasso di occupazione medio supera il novanta percento, chiediamoci se stiamo proponendo le nostre camere a prezzi troppo bassi e prendiamo in considerazione la possibilità di ritoccarli verso l'alto.

Studiamo e sperimentiamo per capire come funziona il mercato su Airbnb.

Prima o poi comprenderemo qual è la tariffa di vendita massima che i nostri ospiti sono disposti a riconoscere per soggiornare da noi nei vari periodi dell'anno.

Ricordiamoci che molti viaggiatori scelgono Airbnb per andare a caccia di prenotazioni last minute e che sono disposti a pagare anche ottime somme per una bella camera accompagnata da ottime recensioni.

CAPITOLO 21
Le OTA

Il ruolo di un'agenzia di viaggi online, o in breve chiamata OTA, è diventato sempre più importante nel settore alberghiero, perché fornisce ai viaggiatori un modo conveniente per confrontare gli hotel e prenotarli su Internet, comodamente da casa propria, oppure in viaggio.

Le OTA più famose sono molto conosciute: Booking, Expedia, Hotel.com, Agoda, AirBnB. Ma il mercato delle agenzie di viaggi online è molto vasto e comprende tante OTA di nicchia che possono dimostrarsi particolarmente utili per hotel e altre strutture specifiche.

Cosa significa OTA?

Si tratta di un'agenzia di viaggi online, è un sito web o un servizio online che vende su internet prodotti relativi ai viaggi.

Questi prodotti possono includere hotel, voli, pacchetti di viaggio, attività e noleggio auto. Fondamentalmente, le OTA sono terze parti, che rivendono questi servizi per conto di altre società, comprese quelle del settore alberghiero.

In genere, una OTA offre molti dei vantaggi rispetto a un'agenzia di viaggi offline, inclusa una maggiore praticità e un approccio self-service.

Le OTA offrono, anche, un sistema di prenotazione integrato, il quale permette prenotazioni istantanee, grazie all'integrazione col sito web per hotel, con o senza booking engine, usando un software che viene chiamato channel manager.

OTA abbiamo detto quindi che è un sito web che vende agli utenti di internet prodotti turistici di altri, ma non abbiamo detto che guadagna trattenendo una percentuale sul prezzo di vendita.

Le OTA hanno un ruolo importantissimo nella strategia commerciale di un albergo, perché hanno un enorme potenziale e finiscono quasi sempre per essere chiamate in causa per prime dalla maggior parte dei potenziali clienti di un hotel.

Detto questo, il sito web dovrebbe essere comunque l'elemento di base della propria strategia commerciale online.

Questo perché una prenotazione diretta sul sito web non comporta il pagamento di alcuna commissione, al contrario di quanto avviene per le prenotazioni che arrivano tramite le OTA, ma anche perché un buon sito web per hotel garantisce alla struttura un controllo totale sulla strategia commerciale.

Le agenzie di viaggi online sono sempre più importanti per gli alberghi, perchè si prestano sia da canale di marketing sia da canale di distribuzione.

Un numero sempre più crescente di potenziali ospiti si rivolge oggi alle OTA per cercare un hotel, perché questi siti funzionano come una sorta di sportello unico, che permette di cercare una struttura turistica, leggere recensioni e confrontare i prezzi.

Inoltre, anche gli hotel elencati sui siti web degli agenti di viaggi online possono trarre vantaggio dalla grande popolarità di questi siti specializzati, perché la loro grande diffusione fornisce una sorta di pubblicità gratuita agli hotel che ne fanno uso.

Anche se i clienti finiscono per non prenotare un hotel, ne vedono comunque le caratteristiche. Questo fenomeno viene spesso definito effetto cartellone.

Più frequentemente di quanto si pensi, gli utenti che devono fare una scelta si collegano direttamente al sito web dell'hotel per approfondire le informazioni ed eventualmente prenotare direttamente sul sito della struttura.

Le OTA vendono prenotazioni per conto dei loro clienti, ovvero gli alberghi e guadagnano addebitando loro una commissione.

La tariffa precisa può variare in modo più o meno importante da un servizio all'altro, ma è generalmente una percentuale sull'importo pagato dal cliente.

Nella maggior parte dei casi, la commissione viene pagata dopo che il cliente ha effettuato il pagamento finale o dopo che il viaggio stesso è stato completato.

La commissione delle OTA varia in base all'agenzia di viaggio online. Ad esempio la commissione applicata da Booking.com oscilla solitamente tra il quindici e il diciotto percento, mentre Expedia addebita tra il dodici e il venticinque percento.

Commissioni più elevate possono essere addebitate in cambio di un posizionamento più elevato nei risultati di ricerca.

Le commissioni delle OTA sono di fatto il prezzo che un albergo è tenuto a pagare per beneficiare dell'ampia visibilità e l'immediatezza che le agenzie di viaggio online forniscono e quelle migliori rappresentano un eccezione canale di vendita per gli hotel di ogni dimensione, ma sono anche il canale più costoso. Il successo di internet come canale di vendita ha prodotto una rapida diffusione di agenzie di viaggi online.

Le OTA migliori non sono necessariamente quelle più famose. Ma in linea di massima, le agenzie più popolari su internet sono quelle che possono portare potenzialmente più clienti al nostro albergo.

Andiamo quindi ad analizzare le agenzie online che un hotel dovrebbe prendere in considerazione per espandere la propria strategia di vendita online o meglio analizziamo quella ci interessa maggiormente e cioè Airbnb.

Airbnb è un marketplace di ospitalità online che permette ai membri di offrire alloggi o di prenotare pernottamenti. È probabilmente la OTA più famosa fra i viaggiatori. Le sue offerte consistono prevalentemente in soggiorni a casa, anche se il marchio si è ramificato e ora elenca anche gli hotel.

Tuttavia, Airbnb tende a essere piuttosto severa riguardo agli alberghi che possono iscriversi sulla sua piattaforma, poiché devono soddisfare determinati criteri.

In genere, un hotel deve dimostrare di avere caratteristiche di design uniche, che le proprie camere abbiano una chiara influenza locale e che gli ospiti abbiano accesso agli spazi comuni condivisi.

Controlla il totale fatturato, la commissione e la periodicità del fatturato, se tutto in alta stagione o suddiviso per i diversi periodi dell'anno. Se un portale produce poco o niente non vale la pena mantenerlo.

Attenzione però: valutiamo bene anche quanta visibilità ci darebbe la singola OTA, perché essere visibili significa essere riconoscibili e riconosciuti e quindi la conseguenza dovrebbe essere avere prenotazioni dirette.

Fondamentale per la nostra distribuzione sulla OTA, e per semplificare il nostro lavoro evitando errori e overbooking, è che noi disponiamo di un channel manager.

In realtà l'opinione sulle OTA è così negativa perché sembrerebbero strumenti eccellenti, in fondo portano clienti, addirittura alcuni senza pagare abbonamenti annuali, ma di contro una commissione e quindi solo sul venduto.

Quindi alla fine probabilmente lo ritiene fantastico il gestore medio o colui che si avvicina per la prima volta a questa attività.

E sicuramente fantastico lo diranno le OTA, che vantano fatturati enormi, conquistando un mercato intero, grazie a migliaia di dipendenti, ovvero migliaia di Host che addirittura pagano per questo rapporto di dipendenza.

Le OTA, quindi, convertono in prenotazioni clienti grazie alla propria visibilità che ovviamente il piccolo gestore non potrà mai avere.

Ma lo fanno proprio attraverso le innumerevoli commissioni che investono appunto in visibilità, innescando un meccanismo a catena. L'Host si sente inizialmente felice e appagato perché invece di spendere soldi, sfrutta la pubblicità di questi grandi portali, prendendone i benefici. E' proprio questo il punto sbagliato e nuovamente torniamo al piccolo gestore, alla zona di comfort nella quale a tutti noi piace stare. Se dovessimo invertire completamente il discorso, la situazione assumerebbe tutto un altro aspetto ovvero:

- Tutti i soldi che vanno alle OTA per convertire clienti in prenotazioni, li togliamo dagli investimenti che potremmo dedicare alla conversione di nostri possibili clienti diretti. Non abbiamo liquidità da investire in pubblicità e ci aggrappiamo all'affidabilità dei portali, ma siccome questo lo fanno in moltissimi si crea una vera e proprio guerra al prezzo

- Essendo intrappolati all'interno delle OTA, per lavorare e riempire i vuoti nelle prenotazioni, abbassiamo il prezzo di vendita delle nostre strutture per cercare di convertire comunque clienti. Questo processo lo fanno anche gli altri presenti sul mercato e che vivono la stessa identica situazione, innescando il circolo che uccide letteralmente il mercato

Oggi, la maggior parte delle prenotazioni che si verificano in questo settore sono transazioni effettuate tramite OTA.

La tendenza del viaggiatore è quella di rivolgersi con più frequenza alle OTA e nonostante navighiamo su internet e visitiamo il sito diretto della struttura, preferiamo effettuare la prenotazione della stessa su booking o similari.

Ma quali sono i motivi di questa circostanza per niente profittevole?

Molti viaggiatori tendono sempre più spesso a prenotare all'ultimo momento per soggiorni last minute. Trovano più facilità in questa operazione se svolta su un portale di intermediazione dove con una carta di credito si ottiene immediatamente il soggiorno senza chiedere informazioni, senza aspettare risposte via mail da parte di un gestore spesso lento.

Lo stesso viaggiatore avrà un immediato confronto di tariffe, recensioni, posizioni delle strutture nella zona dove soggiornare e sarà possibile trovare sui vari portali offerte last minute o promozioni che fanno parte delle strategie di prezzi da parte delle stesse OTA. La garanzia più alta, prenotando attraverso le OTA, è quella di non trovsrsi in eventuali truffe di strutture inesistenti.

Infatti, la sicurezza di un'assistenza telefonica diretta con gli operatori delle stesse OTA tranquillizza il viaggiatore che preferisce optare per il portale invece che prenotare direttamente dalla struttura scelta. Tutto questo è dannoso e deleterio e non crea buoni propositi per un futuro roseo dell'intero settore.

Ma, come abbiamo già detto, è possibile cambiare.

Se le Regioni decideranno, come in molte hanno già fatto, di obbligare l'Host all'apertura di una Partita Iva, troveremo nel tempo sicuramente un settore più professionalizzato, più attento ad invertire questa rotta, un settore dove la forza rimane nelle mani di chi poi offre il servizio e non in quelle di un intermediario virtuale.

Il modello business di cui abbiamo parlato fino a questo momento, in realtà, non prevede l'esclusione delle Agenzie On Line, bensì l'integrazione di questi strumenti in una percentuale di uso minimo rispetto ad un fatturato principale di prenotazioni dirette cioè usiamole bene: questo dovrebbe essere il nostro mantra.

Quindi proviamo a dare alcuni consigli pratici per ottimizzare la presenza sulle OTA:

- l'immagine fa la differenza, le persone sono portate a leggere poco, purtroppo, si concentrano sulle immagini. Le fotografie con le quali presenteremo la nostra sono il nostro biglietto da visita. Abbiamo parlato della necessità e dell'importanza di un restyling e dell'affidarsi a professionisti dell'home staging per sfruttare al meglio le potenzialità delle nostre strutture. Non è possibile dopo questi sforzi, trascurare proprio la parte finale ovvero quel click che ci porteremo dietro nel tempo, sulle OTA, sulle pubblicità, l'immagine che vogliamo trasmettere. Invece di confrontare il prezzo sulle OTA e proporci ad un prezzo più basso, andiamo a vedere la qualità dei nostri concorrenti, le immagini delle loro strutture e cerchiamo di primeggiare affidandoci ad un fotografo professionista che oltre ad usare le giuste luci e macchinari, abbia le qualità di uno scenografo tirando fuori il meglio che la nostra struttura possa offrire. Come possiamo trovarlo? Molto semplice, cerchiamo tra i suoi lavori se ha un portfolio di strutture ricettive, alberghiere o arredamenti per interni. Dobbiamo essere sinceri con noi stessi e mettersi nei panni dell'ospite che sulle OTA ha l'imbarazzo della scelta. Le nostre foto sono competitive? Se fossimo in quel momento un ospite, prenoteremmo la nostra struttura o quella del nostro competitor che si presenta con immagini meravigliose? Facciamo una sorta di test della nostra struttura, questa mossa dovremmo farla, anche se ci possa sembrare superflua. Proviamo a dormire una notte nella nostra stessa struttura, prepariamo il nostro trolley e trascorriamo una notte come se fossimo un cliente. E' solo usando veramente i mobili, il bagno, il letto, la tv che la struttura si apre ai nostri occhi come probabilmente non avevamo mai pensato prima. Ci verranno in mente idee per migliorarla e potremo comprendere meglio i nostri clienti nelle piccole lamentele o suggerimenti che diranno, come si dice solo provando sapremo quanto si avvicinano alla realtà

- Monitorare le recensioni, prima della partenza dell'ospite, prima che questo possa ricevere la richiesta di una recensione riguardo il soggiorno da parte delle OTA. E' buona cosa anticiparlo a prescindere di come pensiamo possa essere la sua valutazione stessa.

- La web reputation è fondamentale, diremo vitale nel nostro settore. A differenza dello storico tripadvisor, dove chiunque può inserire una recensione, anche un falso, in portali come Booking.com, Expedia, Air bnb, sono loro stessi che ci chiedono un feedback, una recensione sul soggiorno vissuto, subito dopo il check-out. Quindi le valutazioni rispecchiano la realtà di chi veramente ha usato il servizio. Questo punto è veramente doloso e purtroppo spesso anche con una struttura nuovissima, appena aperta, un'accoglienza spettacolare, insomma tutto perfetto, la cattiva recensione è dietro l'angolo. Ne sono pieni i forum o le pagine facebook di Host che si lamentano delle recensioni degli ospiti, di Host che non sopportano gli ospiti, di Host che non hanno compreso che è proprio l'ospite che manda avanti l'attività scegliendoci e quindi va sempre e comunque onorato. Anticipiamo l'ospite chiedendogli al momento del check out come ha trascorso il soggiorno, sia se riteniamo che sia soddisfatto, sia se ci sono stati disservizi o disagi. Affrontandolo direttamente abbiamo alte possibilità di comprendere un suo disagio, di giustificarci e quindi di trasformare una brutta recensione in una migliore. Questa è quella che viene definita Custmer satisfaction cioè se non abbiamo la possibilità di assistere di persona al momento del check-out, proponiamo il classico modulo di soddisfazione del cliente o di consigli utili, magari accompagnato da un piccolo regalo che potrà essere un prodotto locale, del vino o dei dolci tipici o più semplicemente ringraziandolo sentitamente per averci scelto. Questo può migliorare un soggiorno già gradito ed alzare la valutazione o quanto meno limitarne i danni. Mail, è buona cosa al momento della prenotazione chiedere un indirizzo mail, per comunicare e per educare l'ospite verso le regole e la politica dell'azienda, telefonare a tutti per ogni cosa o ricevere molte telefonate sarebbe molto più faticoso e dispendioso. Se siamo in possesso dell'indirizzo mail dell'ospite, possiamo mandare la mattina della partenza un ringraziamento sentito, spiegando che il nostro impegno e la nostra attenzione verso di lui è sempre altissimo e sperando che la permanenza sia stata piacevole. Il risultato è importante e dedicare tempo ed energie in questa fase significa contribuire ad una migliore reputazione. Cosa più importante di solito l' ospite legge poco e, per la maggior parte, non si ferma mai su tutte le bellezze che abbiamo descritto riguardo la nostra struttura, ma guarda le foto come abbiamo sopra detto e soprattutto non gli sfugge mai di leggere proprio le recensioni, per prime quelle negative. Migliorare questo aspetto vuole dire battere la concorrenza e senza grandi costi aggiuntivi.

- Studiare tutte le funzionalità dei portali perché tutti nascondono potenzialità. Già il gestore medio ha il problema spesso di usare solo questo strumento: se anche questo è il nostro caso, cerchiamo di non farlo in maniera passiva. Ci sono offerte che si possono creare sui portali come promozioni, clienti prioritari, quindi, approfondire questi strumenti vuol dire ottenere di più. Se siamo svogliati, telefoniamo, potremmo passare un intero pomeriggio in compagnia dell'assistenza di chi lavora per le OTA. Sono ovviamente felici della nostra presenza e saranno disponibili per approfondire l'argomento.

Quindi, come abbiamo potuto comprendere, le agenzie di intermediazione on line non possono rappresentare il nostro unico contatto con il pubblico.

Sicuramente gli svantaggi appena elencati hanno fatto riflettere sulla realtà e sulla zona di comfort che le OTA offrono a loro esclusivo guadagno. Dovremmo cercare di utilizzare le stesse come strumento accessorio ed utilizzarle nel migliore dei modi.

Perciò concentriamoci sul fatto che come noi tutti i nostri competitor sono già presenti sulle OTA e come tali hanno bisogno di strade alternative, che ci verranno offerte.

Dobbiamo conoscere come migliorare la nostra presenza sui portali online in modo da battere i nostri tanto temuti avversari.

EPILOGO

Airbnb ha sconvolto il modo di viaggiare di tutto il mondo. In moltissimi ne hanno approfittato, turisti e proprietari di case, qualcuno è stato penalizzato, vicini di casa degli affittuari e soprattutto i padroni degli alberghi. Questi ultimi si sono lamentati, si lamentano e continueranno a farlo, ma come si dice, tutte le rivoluzioni portano dei grandi sconvolgimenti. Per il momento, come abbiamo potuto leggere in questo libro, ogni città si fa la propria legge, alcune hanno trovato accordi con Airbnb, come ad esempio Milano, altre hanno messo un limite massimo di notti per le quali si può affittare a turisti, trenta volte a New York, altre ancora un limite minimo, novanta ad Amsterdam.

Quello che è certo è che Airbnb sta tentando di arginare il fenomeno, ma insiste sul concetto: si tratta solo di una piattaforma che mette in contatto i privati. Quella che era una piccola start up californiana ora è un colosso da trenta miliardi di dollari, che si permette addirittura di contattare diversi lobbisti al Congresso di Washington per far valere le proprie tesi.

Il successo è indiscusso, il mondo è cambiato.

Airbnb è un'ottima soluzione per tutte quelle persone che hanno la necessità di guadagnare dei soldi in poco tempo e hanno degli spazi nella propria casa o addirittura un'altra abitazione che non usano, ma come ogni attività richiede impegno, costanza e una forte senso di ospitalità.

Anche se a prima vista sembra tutto molto semplice e fantastico in realtà esistono tantissimi aspetti da considerare e tante cose da programmare e da fare.

Con questo libro offriamo una piccola guida che spiegherà come funziona Airbnb e quali sono gli aspetti positivi e negativi di questa attività.

Don't miss out!

Visit the website below and you can sign up to receive emails whenever Luca M. Pagani publishes a new book. There's no charge and no obligation.

https://books2read.com/r/B-A-LMFU-EULCC

Also by Luca M. Pagani

Airbnb: La Guida Completa per Iniziare da Zero e Guadagnare con Airbnb. Scopri Come Trasformare il tuo Alloggio in un B&B con le Tecniche di Business e Marketing Immobiliare per gli Affitti Brevi.

Property Manager: Sviluppa il tuo Business con il Mercato Immobiliare. Scopri come Guadagnare Creando da Zero il tuo B&B con le Tecniche Avanzate per gli Affitti Brevi Airbnb. Zero Budget e Immobili.

www.ingramcontent.com/pod-product-compliance
Lightning Source LLC
LaVergne TN
LVHW051013051026
849532LV00004BA/1201
9798215244562